VIDA a DOIS
para sempre

**ITALO &
SAMIA MARSILI**

VIDA a DOIS
para sempre
As chaves para um casamento inabalável

petra

Copyright © 2023 by Italo Marsili e Samia Marsili

Direitos de edição da obra em língua portuguesa no Brasil adquiridos pela Petra Editorial Ltda. Todos os direitos reservados. Nenhuma parte desta obra pode ser apropriada e estocada em sistema de banco de dados ou processo similar, em qualquer forma ou meio, seja eletrônico, de fotocópia, gravação etc., sem a permissão do detentor do copirraite.

Petra Editora
Rua Candelária, 60 — 7.º andar — Centro — 20091-020
Rio de Janeiro — RJ — Brasil
Tel.: (21) 3882-8200

Fotos de capa: Pamela Miranda Fotografia

Dados Internacionais de Catalogação na Publicação (CIP)

M372v Marsili, Italo
Vida a dois para sempre: as chaves para um casamento inabalável/ Italo Marsili, Samia Marsili. -1. ed. - Rio de Janeiro: Petra, 2023
176 p.

ISBN: 978-65-88444-80-1

1. Virtudes e valores I. Marsili, Samia II. Título
CDD: 220
CDU: 270

André Queiroz – CRB-4/2242

Conheça outros
livros da editora:

Sumário

Apresentação
7

CAPÍTULO 1
Comunhão de valores: religião e moral
13

CAPÍTULO 2
Individualidade e o espaço de cada um
35

CAPÍTULO 3
A construção e o cuidado com a intimidade
57

CAPÍTULO 4
Espírito de serviço: esquecer-se
81

CAPÍTULO 5
Diálogo e silêncio
101

CAPÍTULO 6
A personalidade no casamento
119

CAPÍTULO 7
A realidade e seus desafios
139

CAPÍTULO 8
Fidelidade: mais do que dizem ser
153

Conclusão
171

Apresentação

Os livros que tratam de relacionamento amoroso e casamento lotam as estantes das livrarias. Se isso ocorre, é porque o assunto é quente, de interesse geral. As pessoas estão confusas, pois todos nós já ouvimos alguém dizer que o casamento é uma instituição falida, tamanho é o ceticismo em relação ao tema. Talvez você mesmo já tenha pensado dessa forma. Mas se há tanta gente tratando do assunto, e mesmo assim há um número enorme de casamentos dando errado, por que publicar mais um livro sobre relacionamentos?

Antes de mais nada, precisamos esclarecer que, ao contrário do que a maioria pensa, a experiência pessoal vale, concretamente, muito pouco quando se trata de relacionamento e casamento. Para que se possa orientar alguém nesse sentido, é preciso haver dois elementos: a experiência teórica, que faz um apanhado geral da questão e de tudo o que envolve relacionamento e casamento, e a experiência pessoal, que não se limita à própria experiência, especialmente porque o assunto é muito delicado e nenhum de nós o esgota na vida pessoal. Imaginemos a seguinte história: em menos de dois anos, uma pessoa qualquer se apaixona uma, duas, três vezes e é sucessivamente enganada, traída e abandonada. Assim, temos nesse caso uma experiência pessoal rica, mas que, em razão das várias rupturas, pode conter a falsa ideia de que "relacionamentos são assim mesmo". Então, se queremos uma visão ampla do assunto, não faz sentido ater-nos às próprias experiências.

Se olharmos somente para as nossas experiências pessoais, alguns tópicos de antropologia e sociologia (os assuntos que mais dizem respeito à pessoa) são pouco compreendidos. Precisamos descartar essa falácia da autoridade criada pelo grande volume de relacionamentos. Durante muito tempo, os grandes conselheiros sentimentais eram os sacerdotes e pastores, não porque namorassem muitas pessoas, mas pela quantidade de histórias com as quais tiveram contato e pela implicação pessoal de livrar as pessoas dos problemas amorosos. Olhando para muitas vidas, e partindo de experiências pessoais que não se limitam às próprias, eles conseguiram perceber o que havia de constante, frequente, enganoso e prevalente no assunto. Em contrapartida, alguém envolvido em muitos relacionamentos provavelmente é alguém que fracassou em muitos deles: sua experiência é a de um recorte limitado pelas próprias fraquezas.

De maneira semelhante aos orientadores espirituais, apesar de não estarmos no jogo da paquera faz tempo, vimos por muitos anos na nossa experiência profissional pessoas inseridas nesse contexto amoroso. Ao longo do tempo, nos deparávamos com casais que estavam querendo e propondo a continuidade dos relacionamentos, enquanto fora dali o cenário era exatamente o oposto, envolvendo casamentos falidos e muitas vezes inválidos.

Saibam que, por diversas razões, já tivemos contato com centenas de documentos pelos quais os cônjuges declaram de próprio punho os motivos que os fazem acreditar na nulidade do seu casamento, e isso apurou nossos ouvidos e trouxe uma grande experiência acerca dos principais equívocos e problemas dos matrimônios que não dão certo. Muitas vezes, olhando para os documentos, víamos nitidamente que aquele casamento não iria funcionar.

Do mesmo modo, na nossa atuação na internet, todos os dias vemos a mesma história se desenhando pelas mensagens recebidas no Instagram. Os namoros já começam errado, sem embasamento da parte de pessoas despreparadas, e não tem como a coisa dar certo.

Dizemos isso para esclarecer os motivos que nos levaram a escrever este livro. Por um longo tempo, atendemos diligentemente muitas pessoas com problemas de relacionamento e lemos numerosos testemunhos de nulidade matrimonial. Também compramos e lemos toda a bibliografia recomendada pelo curso de mestrado do Departamento de Família da Universidade de Navarra. Isso nos proporcionou o amparo teórico que vai além da experiência prática e pessoal, e possibilita uma visão do todo, mais ampla, dos problemas e das questões referentes ao casamento. Resumindo, o livro que você tem em mãos foi escrito por um casal que atendeu muitas pessoas, observou inúmeras dissoluções matrimoniais e que, além da parte prática, tem um grande interesse teórico pelo assunto. É desse ponto que escrevemos este livro.

As nossas experiências pessoais, obviamente, vão aparecer de algum modo aqui e ali, mas não serão os fios condutores deste livro. Não podemos nos tomar como exemplo para nada.

Agora, tudo o que aqui se encontra envolve estudo e vivência. Se o foco não é nossa experiência pessoal com relacionamentos, não significa que ela esteja descartada: este livro é fruto de atendimentos clínicos, de uma vida de maternidade e paternidade, de estudos realizados e análises de casos relatados por seguidores na internet, além da constante troca com alunos de nossos respectivos cursos.

A visão de casamento que propomos, nossa visão pessoal e o que vivemos dentro do nosso próprio casamento, é a de um projeto para a vida toda, livremente assumido por duas pessoas diante de uma multidão de testemunhas. É um projeto de cuja construção falaremos, um projeto de pessoas; então também iremos tratar, quase sempre, de ser pessoa, do que faz cada um de nós humanos, a construção de uma personalidade capaz de se empenhar pelo outro a vida toda. E esse projeto é assumido pela palavra dada diante de testemunhas. Então falaremos desse testemunho público e das consequências de abandonar uma promessa feita com a nossa palavra, e o mais importante: de como manter essa palavra.

Este livro (mais um para as prateleiras das livrarias na seção de "Relacionamentos") tem, acreditamos, o seguinte diferencial: fala de coração a coração, pessoa a pessoa. Somos nós falando com você. É uma conversa de amigos sobre aquele que é, desde sempre, o tema de todos os temas: o amor que une homem e mulher por toda a vida.

Um pequeno adendo. O que diremos aqui não deve apenas causar uma "quentura no coração", um desejo abstrato de melhorar. Deve, antes, se traduzir em propósitos concretos e pequenos — pequenos, pois são esses os que podem ser praticados com constância. Por isso, ao fim de cada capítulo, incluímos um campo para que você anote seus planos de ação. Lembre-se: devem ser poucos e factíveis. Dizer "tornar-se uma pessoa melhor" é bonito, mas inócuo. Muito mais produtivo é propor-se a "sorrir ao acordar", por exemplo.

Capítulo 1

COMUNHÃO DE VALORES: RELIGIÃO E MORAL

O MITO DE ORFEU E A IMPORTÂNCIA DE OLHAR PARA A FRENTE

Antes de tratarmos da comunhão de valores, vejamos uma história. Uma das histórias de amor mais antigas do mundo. Vamos regressar a um dos mitos fundacionais daquele amor profundo, grande, amplo, que chora. Pode parecer que fugimos do assunto, mas logo à frente tudo fará sentido.

Na mitologia grega, encontraremos um sujeito chamado Orfeu, um dos símbolos dos musicistas. Quando Orfeu cantava com sua lira, acalmava os pássaros e fazia as sereias dormirem. Quem se lembra da história dos Argonautas, na qual alguns sujeitos convocados por Jasão foram atrás do Velocino de Ouro? Orfeu foi um deles, e ele fez adormecerem aquelas sereias que afundavam os navios. Um dos motivos pelos quais o navio conseguiu atravessar aqueles perigos é que o canto de Orfeu era tão poderoso, tão sensibilizante, vinha de um lugar tão, mas tão central, que aqueles que o ouviam conseguiam tocar as cordas do amor. Fazia ressoar uma sinfonia de harmonia, de delícias, de paz.

Orfeu era esse sujeito, e em algum momento ele se enamora de uma jovem chamada Eurídice (ou Dafne, a depender da versão). Ela era linda, belíssima, uma das mulheres mais encantadoras do mundo. Então Orfeu se apaixona por ela e por ela derrama todo o seu amor. Eurídice, justamente porque era muito bela, em dado momento é perseguida por um camponês apicultor chamado Aristeu e tropeça numa serpente. Algumas versões mencionam uma serpente, outras não, mas o fato é que ela morre.

Orfeu, ao receber a notícia da morte de sua amada, canta um choro que sobe até o Olimpo e faz com que os deuses que ali viviam, notando um silêncio no mundo, desçam à Terra. Aquele canto silenciara o mundo. Só havia o pranto, o choro diante da perda, da saudade, daquele dilaceramento no peito, daquela esperança amputada brevemente, daquele amor que se perdeu logo no início da sua maturidade.

Os deuses do Olimpo se compadecem do pranto dele, assim como Caronte, o barqueiro que fazia a travessia pelo rio Estige para o reino de Hades, ou seja, da terra dos vivos para a terra dos mortos. Comovido, Caronte oferece a Orfeu algo que jamais fora oferecido a outro homem: que Orfeu vá até o mundo dos mortos procurar sua amada. Orfeu, que amava Eurídice profundamente, entra então naquela barca sem saber se voltaria. Afinal, assim são as loucuras do amor: elas fazem com que entremos em barcas como essa, muitas vezes enfrentando um espaço de morte, desconhecido, sem saber se voltaremos. Ora, o que é de fato o relacionamento amoroso se não a entrada num território desconhecido? Num território que pode nos levar a uma espécie de morte? Ainda assim, esse desejo, essa esperança faz com que continuemos a caminhada.

Muitas das frustrações amorosas, dos desamores, das infelicidades do nosso tempo se devem a essa incapacidade de entrar nesse barco que adentra o reino dos mortos. "Este é um lugar que não conheço, de domínio desconhecido, nunca estive aqui antes", pensamos. E esse é justamente o movimento que Orfeu realiza sem receio e que nós temos medo de fazer. Orfeu entra nesse território dos mortos procurando Eurídice e não a encontra. Por isso, mais uma vez, ele pega sua lira e chora as dores de um coração que sangra, diante do fado, da fatalidade, do destino de não reencontrar sua amada. E, tocando sua lira, colocando nela todo o coração, cantando as dores de saudade daquele amor, daquele projeto amputado logo no início, Orfeu toca o coração de Perséfone, esposa do rei Hades, e o coração do próprio Hades; e ambos descem chorando lágrimas sentidas, com toda a dor de seus corações. Ambos haviam encontrado um sujeito capaz de amar. Esse homem é, então, presenteado, porque o próprio Hades encontra Eurídice e a entrega ao seu amado Orfeu.

Ambos se reencontram naquele reino dos mortos e, tocando-se os corações, tudo se faz luz mais uma vez. Eles se reúnem, a felicidade volta, e isso acontece porque Orfeu não teve medo de entrar na barca de Caronte, de adentrar naquele reino desconhecido, novo, de iniciar um projeto mais uma vez para reencontrar o amor perdido, afastado do seu coração.

Hades diz para Orfeu:

— Vocês receberam uma dádiva dos deuses e podem voltar ao reino dos vivos, com uma única condição: precisarão fazer a travessia de volta, e essa travessia será realizada nas trevas, de tal modo que um não olhe para o outro.

Se você olhar para Eurídice, ela retornará ao reino dos mortos e vocês nunca mais se encontrarão.

Eurídice e Orfeu então caminham em direção ao reino dos vivos. Entram mais uma vez numa barca, voltam pelo mesmo rio, fazendo o caminho inverso. Quando já vislumbram a luz do reino dos vivos, já se aproximando do projeto de união vital, Orfeu ouve um soluço. Surgem-lhe dúvidas, e ele volta seu olhar para trás, procurando Eurídice. Quando ele a vislumbra, ela é imediatamente abraçada por um emissário de Hades e some nas trevas. Cercado por trevas, Orfeu perde novamente o amor da sua vida e se desespera; mais uma vez ele toca sua lira num pranto profundo, agora definitivo.

Contamos essa história pois ela ilustra uma dinâmica do amor. O erro de Orfeu foi, em um momento de escuridão e perdição, voltar-se para Eurídice. Todo casal se perde em algum momento da sua trajetória amorosa, do seu destino amoroso. Todo casal atravessa as trevas e a escuridão: ou pela rotina, ou porque se desencontraram, ou por alguma negligência, ou por circunstâncias da vida... E esses casais que estão temporariamente perdidos num momento de desunião, mas que ainda se amam e querem se encontrar, começam a querer se olhar muito, voltam-se um para o outro, como Orfeu para Eurídice. E então a distância entre eles volta a aparecer, porque ela já estava lá, e é por isso mesmo que eles se perdem.

A condição dada pelos deuses a Orfeu era a de manter o olhar para a frente. Antes de falarmos de moral ou de religião, uma coisa deve ficar muito clara: o caminho para sair da escuridão é ambos olharem para a frente, sem medo. Na mesma direção. Caminhando juntos, lado a lado, abraçando-se, sentindo-se um ao outro, sentindo o hálito e a pele um do outro. Olhando na mesma direção, porque este é um dos elementos do amor: o projeto comungado por vidas que se enlaçam, se entrecruzam, são tecidas umas nas outras pelo próprio coração. Não adianta olhar para si e para as próprias demandas, assim como não adianta olhar para o cônjuge. Ambos precisam, juntos, seguir para o mesmo lugar; só assim haverá cumplicidade verdadeira.

Ao falar de comunhão de valores dentro do casamento, sempre existe a tentação de se ficar nos lugares-comuns: "case com alguém que tenha os mesmos valores"; "procure alguém que acredite nas mesmas coisas". É evidente que essas questões de ordem moral e religiosa são importantíssimas, mas isso ocorre porque elas são o eixo norteador daquilo que mantém o casamento de pé: o projeto comum. Em certo sentido, podemos dizer que o próprio casamento é um projeto vital abraçado pelos cônjuges de comum acordo. E esse grande projeto vital do casamento se traduz, ao longo da vida, em muitos projetos comuns para os quais ambos os cônjuges devem caminhar juntos: um projeto profissional, intelectual, a educação dos filhos etc. É no projeto comum que os valores morais e religiosos se encarnam, ganham corpo; sem isso, falar de "comunhão de valores" é algo teórico e vazio de sentido.

Além disso, quando a crise chegar, quando a travessia pelas sombras do Hades lançar temor e insegurança sobre o casal, é isto que vai salvá-los: olharem para a mesma direção e caminharem juntos até lá. Aqui precisamos quebrar aquela ideia que muitos conselheiros dão: "Vocês estão em crise, casalzinho jovem? Ah! Façam uma viagem, um cruzeiro! Vão para Bonito, para Miguel Pereira, para Natal, para a Europa, para a Indonésia, façam uma viagem! Vocês serão muito felizes novamente, vão se reencontrar." Mas é justamente o inverso! O casal se perdeu porque está olhando para o lado errado, para aquilo que ninguém aguenta mais. Para que possam se reencontrar e voltar ao projeto amoroso, os dois precisam, juntos, sem se olhar muito, mirar um projeto que seja externo a eles, para o qual ambos caminhem. Se o casamento está em crise e o marido começa a olhar para o rosto da mulher, a mulher começa a olhar para o rosto do homem, é ruptura e morte na certa. O Hades volta e abraça, separando-os.

Antes de princípios, valores e mesmo crença religiosa, a base do casamento deve ser esse projeto para o qual ambos caminhem. Sem isso, não adianta professar o mesmo credo, não adianta ter o mesmo código de conduta e as mesmas crenças morais. É perfeitamente possível, por exemplo, marido e mulher terem se conhecido na igreja, professarem a mesma religião, mas para um deles a vivência e a educação religiosa dos filhos serem uma prioridade, enquanto para o outro isso talvez nem seja uma questão, e o foco seja deixar um patrimônio para os filhos. Mesmas crenças, mas projetos totalmente diferentes.

Liberdade, finalidade e moral

E aqui, deixando claro que moral e religião importam ao casamento principalmente como os eixos norteadores do projeto a que o casal se propôs, vale a pena agora esclarecer que nada disso tem a ver com "regrinhas". Moral e religião têm muito mais a ver com liberdade do que com um conjunto de regrinhas. Nos dias de hoje, há uma tendência a enxergar esses âmbitos da vida de forma caricata, como um monte de proibições — o próprio casamento é visto dessa forma. O desconhecimento a respeito dessas coisas está vinculado a uma ignorância a respeito da própria natureza humana e do que ela tem de mais singular: o uso da liberdade. Sem compreendermos isso, não podemos entender de forma correta o que é um projeto abraçado livremente dentro de um casamento e como isso é capaz de nos fazer felizes. Ficamos na caricatura.

As coisas que temos de mais íntimas e profundas nos são adicionadas por esse elemento chamado *liberdade*, como se ele fosse, ao mesmo tempo, uma parte do nosso corpo e uma ferramenta para estar no mundo. Assim como no mundo pegamos coisas com as mãos e respiramos o ar com o nariz, temos em nós a presença quase material da liberdade. E, entre todo o universo material existente, apenas o ser humano dispõe dela.

Mas, para entendermos o que significa liberdade, precisamos deixar clara a noção de finalidade. Xícaras e copos, por exemplo, servem para conter determinados líquidos dentro de si, de modo que o conteúdo não se esvaia. Livros foram criados como um anteparo material de recolhimento de ideias e pensamentos, e a sua finalidade é serem lidos por alguém. Copos e livros, assim como os rios, não podem conscientemente interromper suas respectivas finalidades. Rios fazem a água escorrer e conectam as águas do céu com o mar; árvores, por sua vez, estruturam o solo, oferecem-nos sombras e dão frutos.

É por isso que a natureza causa certo impacto em nós. Contemplá-la causa uma sensação estranha, às vezes. Da nossa casa no Rio de Janeiro, conseguimos ver a praia e o mar imenso, algumas ilhotas, a abóbada celeste inteira, alguns ensaios de construção humana e as montanhas. O que acontece conosco quando contemplamos a natureza é que acessamos a intimidade revelada da criação. Toda sua finalidade está diante dos nossos olhos. É justamente o acesso à intimidade que nos provoca essa sensação. Contemplar a grandiosidade de vales, montanhas e mares pode nos elevar ou nos diminuir, devolvendo-nos ao nosso lugar. Quando vemos um cavalo, a majestade do bicho nos impacta porque todas as suas potências são reveladas unicamente com a sua presença. Ele é exatamente aquilo que vemos.

O ser humano não é assim. Nós temos uma coisa chamada *eu*, que é sempre livre. A liberdade é o elemento que faz com que alguém possa seguir ou não sua finalidade. Ou seja, ela se responsabiliza pela nossa excelência, fazendo com que consigamos articular intelecto, vontade, desejo e circunstância para o sentido da finalidade. Trocando em miúdos: a liberdade permite que escolhamos ou não sermos nós mesmos, caminharmos para nossa finalidade, para quem somos. Podemos ser uma xícara perfeita para o cafezinho, ou podemos escolher derramar o café, ser uma xícara furada, uma xícara que se comporta como um bule, e contrariar nossa finalidade.

O homem não é um ser exclusivamente material, e conseguimos perceber isso de maneira muito clara. Temos sonhos, desejos, projetos e um passado que determina as nossas ações. Nada disso é material, assim como o fato de conseguirmos nos comprometer dentro do tempo cronológico. Há algo em nós que é imaterial. A matéria do corpo muda o tempo todo, mas o eu é imaterial. Por meio do alimento, os átomos do corpo vão se sucedendo e já não são os mesmos de quando éramos bebês, mas a estrutura da nossa identidade permanece.

A razão dá conta de compreender que o eu é permanente, imaterial e estável. A liberdade é o que há em nós que não nos deixa esquecer de que possuímos também uma dimensão superior com sonhos, valores, conceitos, princípios etc. Por isso a liberdade é um elemento humano que precisa ser exercitado, tocando cotidianamente a transcendência, isto é, o mundo imaterial. Sem isso, não seremos livres. Mais uma vez, a liberdade é a ferramenta que faz com que pensamentos, desejos, acontecimentos, pretensões e tudo o mais sejam articulados no sentido de nos tornarmos nosso eu propriamente dito. Estando só no mundo da matéria, excluímos toda a dimensão dos sonhos, planos, desejos e fantasias, de modo que acabamos esmagados. O homem que se move e se determina apenas pela fome, sono ou desejo sexual é ainda muito semelhante aos bichos.

Voltando ao assunto de antes, o impacto que rios e cachoeiras nos causam é o da intimidade, porque estamos vendo precisamente a razão pela qual foram criados. Quando olhamos para um ser humano que não revela a sua finalidade, isso nos diminui e entristece, porque ele se assemelha a uma xícara quebrada; perdemos a esperança de ser gente e, como não podemos virar pedras ou vegetais, nos tornamos um tipo de cachorro que se guia pelas vontades mais baixas e confortáveis. Durante certo tempo, é até interessante olharmos para uma pessoa que só quer dinheiro, por exemplo, mas pouco tempo depois nos entristecemos, sobretudo porque nunca estaremos satisfeitos. Se não exercemos a nossa liberdade, nos tornamos cães frustrados, desesperançosos, tristes, neuróticos e cheios de coisas esquisitas na cabeça.

O fato é que ninguém é uma ilha. Nós precisamos de pessoas perto de nós e precisamos lutar todo santo dia para exercer a liberdade de sermos nós mesmos. Se não conhecêssemos pessoas lutando por exercer a liberdade em suas próprias vidas, lutando a fim de ser aquilo para o que foram criadas, não faríamos isso em nossa própria vida. Aliás, sequer saberíamos que tais possibilidades existem, o que faria com que parecêssemos xícaras quebradas.

Quando encontramos pessoas que nos impactam genuína e duradouramente pelas suas tentativas de adquirir liberdade, uma esperança se acende dentro do nosso peito. Ocorre que, quando estamos falando de vida a dois, deve-se compreender que existe uma responsabilidade a mais: temos, além de nós, um outro eu que nos acompanha e compartilha conosco o amor e a vida em si. Responsabilidade, certo? Saber que o exercício de nossa liberdade impacta não só nosso destino, mas o do outro, apela à nossa consciência. Por isso, o exercício da nossa liberdade é o agir moral por excelência: desse exercício, dependem o bem e o mal que faremos, o nosso caminhar para nosso fim último e o daqueles que estão ao nosso lado. Assim, um homem pode colaborar para que sua mulher se torne mais ela à medida que ele se torne mais ele. Ou ele pode ser um estorvo na vida dela, uma xícara que não serve para o café. Pode inclusive fazer dela uma xícara quebrada.

Mas o pulo do gato é perceber que, se alguém tem uma finalidade e pode contrariá-la, também pode abraçá-la e fazer disso seu projeto pessoal. Lembra que falávamos sobre a importância de um projeto comum ao casamento? Cada um dos cônjuges pode exercitar sua liberdade e escolher abraçar o projeto que realize o outro. O projeto de amar, levando assim o outro a atingir sua finalidade. O projeto de, até que a morte os separe, dedicarem-se, expandirem o coração, derramarem-se em amor um pelo outro. O foco da existência pode ser melhorar a vida do outro.

Essa é a base de um casamento. Muito mais do que partilhar crenças, é escolher caminhar juntos, livremente, para o próprio fim. É esse o exercício pleno da liberdade, e aí podemos começar a falar de religião.

Religião: exercício da liberdade

Reforçamos o que foi dito: para o casamento, a religião é muito mais uma questão de exercício da liberdade para o abraço de um projeto comum do que simplesmente a profissão do mesmo credo pelo casal. Claro, se você conheceu uma mulher bonita e inteligente, mas que faz chacota da sua religião, não a respeita, você não deve iniciar um relacionamento com ela. A pessoa com a qual você se relacionará rejeita algo que você valoriza! Não estou falando de verdades de fé, estou falando da prática. Se a pessoa odeia algo de que você gosta muito, deve-se acender um sinal vermelho, pois essa divergência está em um nível fundamental.

Mas a maior parte das pessoas não odeia religião. A grande maioria só não vem de um berço religioso e é ignorante sobre o assunto. Você não pode rejeitar uma pessoa só porque ela não vai à igreja; ela não pode amar o que não conhece. E então você pode ser uma pessoa que, sem ser chata, apresenta para a outra, pouco a pouco, a religião. Para isso serve o namoro. Talvez a pessoa ache bom o que você apresenta a ela, mude de opinião e entenda por que você gosta do que gosta. Talvez ela não participe da mesma forma que você, e isso não é incompatível com a vida de casado; o que torna incompatível é ódio a algo que você ama. Quando a pessoa ignora o que você ama, você tem a oportunidade de apresentar isso a ela. Então tem de ponderar (e isso faz parte da vida de casado em tudo, não só na religião) se a pessoa tem a capacidade de amar o mesmo que você, pois isso será decisivo para que abracem um projeto comum.

Nós somos católicos, e para nós a religião é fundamental, mas exatamente porque ela é o eixo norteador do nosso projeto e aquilo que propicia, fortalece nossa liberdade para a busca de nosso verdadeiro eu. É muito mais do que um punhado de valores sobre os quais concordamos e nada parecido com uma lista de regrinhas da casa.

A religião serve para articularmos a transcendência com a matéria, de modo que, mesmo que no mundo material, consigamos encaminhar as nossas histórias e narrativas para os lugares corretos, preservando assim o nosso eu transcendental. A religião nos faz mais livres e fortalece a liberdade. A liberdade, assim como o corpo, se fortalece a partir de exercícios, resumidos todos na religião. Ela é o que treina a liberdade e a deixa em plena capacidade de uso, articulando transcendência e matéria no sentido da plenitude do eu.

É óbvio que a religião vai sempre se referir a um eu transcendente e que se encontra fora da matéria: Deus, o eu perfeitíssimo, que serve de comparação final para nos dar a consciência e o exemplo daquilo que vem a ser um "eu" de verdade. No mundo nós nunca encontraremos uma pessoa com tais características, e a religião trata justamente disso; mas o ser humano é sensorial, então precisa de um Deus que possa ser visto e que tenha feito as mesmas coisas que ele faz. Por isso somos cristãos: houve um Deus chamado Cristo que, há pouco mais de dois mil anos, assumiu a nossa natureza. Esses são alguns motivos que nos levaram a abraçar a nossa fé.

O que achamos importante com a prática religiosa, especificamente a religião cristã, é que ela permite abraçarmos o projeto de nos transformarmos em pessoas verdadeiras, articulando a transcendência com a matéria de modo a revelar e exercer a finalidade, revelando perfeitamente a nossa intimidade ao outro. Assim não viramos bichos frustrados ou xícaras em pedaços, mas levamos nosso cônjuge à felicidade e à esperança.

Quando falamos de vida a dois, é impossível comunicarmos a verdade, a presença e a esperança de felicidade sem o exercício da liberdade através de uma prática. Você serve para iluminar as coisas que o outro não vê, e justamente esse é o ato de amor que se espera no relacionamento. Obviamente, a pessoa que não tem a prática da liberdade não consegue fazer nada disso porque não consegue olhar para as coisas que estão além da matéria. A intervenção da religião é extremamente importante aqui.

Mas é preciso que as pessoas tomem muito cuidado com esse assunto. Há um bocado de gente que acredita exercer a religião fazendo infinitas novenas para sabe-se lá que santos, para sabe-se lá que finalidades. Não caiam nessa coisa maluca e neurotizante. Isso não tem nada a ver com o verdadeiro exercício da liberdade.

Importa que a coisa possa ser parte da sua rotina. O que fazemos é o seguinte: acordamos, ajoelhamo-nos, beijamos o chão e dizemos a palavra latina *serviam*. Isso por si só já é um ato de religião: estamos prostrados diante da criação, dizendo que vamos servir. Depois de nos levantarmos, oferecemos o nosso dia a não ser um estorvo na vida dos outros, consagrando a Nossa Senhora os nossos olhos, ouvidos, boca e coração. A nossa oração demora menos de um minuto. Depois tomamos banho, comemos e fazemos as nossas coisas. Dedicamos também um tempo à oração mental, que significa o mesmo que pegar um livro, lê-lo por alguns instantes e, em seguida, meditar sobre ele (a nossa recomendação é que iniciantes comecem pela oração mental com 10 minutos ao dia). Rezamos o terço também. Ao meio-dia, fazemos uma oração chamada *Angelus* e, ao final da tarde, temos mais um período de meditação e vamos à Missa.

À noite, para encerrar o dia, rezamos mais três Ave-Marias e fazemos algumas outras coisas. Mas isso é o básico, a prática religiosa que deveria ser normal. Menos do que isso não permite que exercitemos a liberdade; todo mundo fica sem esperança e a vida vai se tornando uma porcaria. O que pode nos curar de fato é o olhar entusiasmado e esperançoso de uma pessoa que nos ama e que aposta diariamente em nós, de modo que tudo isso seja traduzido em atos de serviço e carinho. Somente os atos religiosos são capazes de promover o desenvolvimento nessa área. Não conhecemos outro jeito de exercitar a liberdade da maneira correta.

Tudo o que fizemos aqui foi passar uma receita de liberdade que tende a ser muito eficaz. Nós apostamos nisso. Nossa vida, nosso casamento, os filhos, nosso trabalho, tudo é completamente voltado para isso.

"Italo, Samia, mas eu não acredito em Deus e não tenho religião." Eis aqui um excelente motivo para se começar a ter religião. Deus é um dado da realidade, pode ser acessado facilmente pela razão. O seu problema é que você nunca tentou fazer nada certo, nem mesmo uma oração.

As pessoas perguntam a Samia como ela consegue dar conta de sete filhos, dormir tarde, acordar cedo, dar aula, estudar muito, ajudar tanta gente e ainda estar sempre bonita e arrumada. A resposta está justamente nessa liberdade que conjuga o transcendente e o material pelo exercício cotidiano da religião: o que é o mesmo que dizer que ela reza. E isso sustenta o casamento e o mantém em um projeto comum que não é mais arbitrário, algo que o casal inventou da cabeça: o projeto passa a ser iluminar a vida um do outro e ajudá-lo a atingir a plenitude do próprio eu.

Casamento e religião

A religião no casamento, então, importa sobretudo como prática que exercita nossa liberdade. Antes de se casar, é preciso ser gente, um eu livre que caminha para realizar a própria finalidade. E a religião também propõe um projeto para o casal, uma direção para a qual ambos os cônjuges voltam o olhar e direcionam os passos.

E aqui aproveitamos para lembrar que o próprio casamento é um ato religioso, inclusive no imaginário popular. Ainda hoje, a cultura pop retrata em filmes e séries o vestido de noiva ou os votos no altar diante de um clérigo. Por mais que seja distorcido e desmoralizado, quando pensamos em "casamento", é para isso que nossa mente caminha.

Isso acontece porque há uma dimensão de promessa no casamento, que é feita diante de testemunhas e, em última instância, diante de Deus. O projeto comum de levar o outro à própria finalidade, aqui, ecoa na eternidade: a promessa de ser fiel, amar e respeitar, aconteça o que acontecer, por toda a vida, é no fundo desejar a bem-aventurança eterna do outro, desejar que ele viva para sempre e dedicar a própria vida a isso. É um compromisso vital e da pessoa inteira.

Vale a pena meditarmos sobre o compromisso que assumimos nos votos matrimoniais e as consequências disso. Compromisso esse que é esquecido por muitos casais que ainda vivem juntos, desconsiderado por muitos noivos que hoje aguardam o casamento e abandonado por aqueles que se divorciaram. Os votos se iniciam com o pronome pessoal eu: "Eu, (nome do noivo ou da noiva), recebo a ti, (nome do noivo ou da noiva), como minha legítima esposa (ou meu legítimo marido)." Quem proclama os votos toma a sua voz em primeira pessoa e — tendo como testemunha toda a sua assembleia de amigos, familiares e o próprio ministro, que é o representante da divindade — compromete-se na totalidade do seu eu com uma promessa assumida livremente.

A partir desse momento, todo o seu eu está comprometido, o que equivale a dizer que qualquer quebra de uma das promessas dos votos é uma quebra da integridade do seu eu. Quando isso acontece, não só o seu casamento é rompido, como também todo o seu eu, de modo que a sua história daí por diante será a história da tentativa de remendar essa ruptura. Uma vez que você promete algo, em primeira pessoa, com a totalidade do seu eu, diante de uma assembleia de amigos, das pessoas que você conhece, seus pais, seus parentes e diante de Deus, você se obriga àquilo pela palavra dada, a menos que sua palavra não valha nada.

Se a sua palavra não valer nada, a sua história inteira não vale nada. Você é alguém sem unidade, alguém cuja integridade do eu — ou seja, cuja ação em primeira pessoa — não tem valor, e se a sua ação em primeira pessoa não tem valor, você é alguém que não deixa rastro, não deixa marca, não integra este mundo na sua própria personalidade. Você é, assim, uma pessoa vazia, uma pessoa sem consistência. Um voto dito em primeira pessoa tem grande valor porque compromete a totalidade do seu eu e, portanto, a sua história.

O rompimento desse voto não é algo sem importância, sem consequências. Não é possível romper esse voto dado na totalidade do seu eu em vista de "iniciar uma nova história": sua história não será nova, será apenas uma tentativa de reintegração daquele eu quebrado pela sua incapacidade de manter o compromisso dado. Divorciar-se não é mais uma oportunidade de começar uma história nova com outra pessoa; antes é uma tentativa de consertar a história quebrada do seu eu com o rompimento da promessa dada livremente no dia em que você contraiu o primeiro matrimônio.

    O casamento é uma coisa muito séria. As promessas dos votos matrimoniais são: ser fiel, amar e respeitar a pessoa que você recebeu como marido ou esposa, por toda a vida. O casamento é uma das mais graves oportunidades de amadurecimento, mais até do que a enfermidade, a pobreza ou a morte dos pais. Mesmo nos assumindo como pessoas falhas, confusas muitas vezes, com altos e baixos, ao nos unirmos pelos votos dados na celebração do casamento temos a oportunidade de criar estabilidade, consistência, seriedade e, portanto, um sentido na vida. Adquirimos um motivo real para sermos uma pessoa consistente, estável e confiável, que é uma outra vida que se entregou a você e à qual você se entregou em um projeto comum. Sem isso, a nossa vida acaba não tendo peso nenhum, acaba sendo uma vida arrastada conforme o vento bate.

    Em seguida, dizemos em que circunstâncias esse amor, esse respeito e essa fidelidade vão se dar, pois tal compromisso não tem validade só enquanto o casal nada em rios de leite e mel, mas em todas as circunstâncias: na alegria e na tristeza, na saúde e na doença, na riqueza e na pobreza.

    Esse compromisso não deve estar de pé somente quando você estiver alegre, celebrando a formatura de um filho ou uma promoção no emprego, mas também quando estiver triste, lamentando a perda desse mesmo emprego ou sofrendo as dores de uma enfermidade. É a provação na adversidade das circunstâncias da vida que faz com que você se torne, pela primeira vez, uma pessoa estável, segura e, portanto, uma pessoa com uma história que faça sentido e que valha a pena ser vivida, e não mais a história das suas loucuras, das suas instabilidades.

O compromisso é para estar de pé na saúde e na doença, ou seja, quando a pessoa está limpinha e cheirosinha, mas também quando um câncer gástrico a obrigar a portar uma bolsa de colostomia. O amor, o respeito e a fidelidade devem ser iguais em ambas as circunstâncias. Aliás, a doença é mais uma oportunidade de você mostrar que tem de estar ao lado da outra pessoa, mais um motivo para você a servir com todo amor, levar e trazer do hospital, comprar remédio, sem reclamar.

E na riqueza e na pobreza. É triste ver algumas esposas hipnotizadas por uma bobeira ou outra que viram na internet, afetadas com a ideia de que "o marido tem de ser rico, tem de ganhar dinheiro". De vez em quando alguma mulher nos pergunta: "Meu marido não ganha dinheiro, o que eu faço?" Que pergunta é essa? E o voto com que você prometeu respeitá-lo na pobreza e na riqueza? Se ele não ganhar dinheiro, é simples, você vai ser pobre com ele; e se você não ganhar dinheiro, ele vai ser pobre com você. A maior parte das pessoas do mundo não ganha muito dinheiro.

Quando noivamos, tivemos uma conversa muito séria, pois o Italo queria ser professor, e o mais provável é que nunca ganhasse muito dinheiro. Obviamente que isso não deveria ter importância, pois o que importava era que um ajudasse o outro a ir para o Céu, criando uma família santa. Esse era, e continua sendo, o projeto do casal, que nasceu nas promessas do altar.

Muito mais importante do que o marido ganhar dinheiro é que ele seja uma pessoa boa e honrada, que ame e fique ao lado da esposa. E, mesmo que não seja, você se casou com ele prometendo amar, respeitar e ser fiel, na alegria e na tristeza, na saúde e na doença, na riqueza e na pobreza, por todos os dias da vida. É uma luta diária fazer isso. Há dias em que nos esquecemos, em que respeitamos menos o outro e somos menos fiéis: isso é a vida normal, e graças a Deus existe o dia seguinte para nos lembrarmos dos votos que fizemos. A pessoa casada precisa tê-los impressos para reler todo dia ao acordar.

Nós sugerimos a leitura diária desses votos, por pelo menos um mês, não só às pessoas que já são casadas, como também às que vão se casar, para saberem com o que vão se comprometer quando contraírem núpcias; e às que se divorciaram, sabendo que vocês vão precisar reconstruir a sua personalidade a partir dessa palavra quebrada, independentemente de qual das partes foi responsável. Se você prometeu ser fiel à sua mulher "até que a morte os separe", ela ter abandonado você primeiro não o isenta do fato de você estar desonrando igualmente a sua palavra indo em busca de outra. Não nos olhe assim! Não fomos nós que prometemos isso no altar naquele dia, foi você mesmo que o fez. Quando quebra uma palavra dada, você abre uma fratura gravíssima na sua personalidade. Querendo ou não, a partir desse momento, a sua história precisa ser reescrita em vista do que você quebrou.

O princípio dos votos feitos no casamento é o seu eu integral disposto a, diariamente, amar, respeitar e ser fiel nas mais diversas circunstâncias (de saúde, de humor e de bens materiais), que podem perturbar um pouco o espírito. Devemos fugir da tentação de colocar a culpa no outro: "Estou com o meu humor perturbado por causa dele"; "estou com a minha saúde financeira perturbada por causa dela". Como assim por causa dele, por causa dela? Você é que tem de buscar ser o exemplo de alguém que não perturba e não é perturbado.

A maior chance que você tem de ser estável neste mundo é comprometendo-se verdadeiramente com outra alma em um projeto comum que transcenda a ambos. Em todas as circunstâncias, todos os dias, até o fim da sua vida. É só no casamento que esse compromisso se torna possível.

Plano de ação

Este é o espaço para você anotar e detalhar os planos de ação que lhe ocorreram durante a leitura deste capítulo. Lembre-se: você deve optar por ações concretas e simples, que possam ser realizadas e avaliadas a cada dia e nas circunstâncias de sua vida conjugal, que não é igual a nenhuma outra. Planos e resoluções abstratas e megalômanas podem até ficar bem no papel, mas são irrealizáveis na prática!

Como servirei ao meu esposo ou esposa à luz do que li nestas últimas páginas?

_____
_____
_____
_____
_____
_____
_____
_____
_____
_____
_____
_____
_____
_____
_____
_____

Capítulo 2
Individualidade e o espaço de cada um

Cultive a própria individualidade para viver em comunhão

Dentro de um relacionamento, é urgente e necessário cultivar a individualidade. Pode parecer contraditória a ideia de manter sua individualidade ao mesmo tempo que você vive uma vida em comunhão, ou seja, uma vida em comum, sendo uma só carne. Mas não há contradição alguma. Na verdade, individualidade e comunhão são faces da mesma moeda. O casal é feito de duas células que, ao se juntarem, têm uma vida comum, uma comunhão. Vem daí a fecundidade matrimonial, e os filhos são expressão perfeita disso; mas, com ou sem filhos, ela só acontece quando esses núcleos se expandem. E enriquecer-se como indivíduo é fundamental para tanto. Ter individualidade não é dizer "amanhã vou sair com meus amigos e você precisa respeitar isso", mas sim cultivar um núcleo individual próprio, por meio da religião, das artes, da cultura. Assim você continuará germinando interiormente e terá de fato o que compartilhar com o outro.

O ser humano precisa de uma atenção e um cultivo que são diferentes daqueles dos animais, e este é o significado de *cultura*: o cultivo. Os cachorros domésticos, esses que usam roupas e vão a spas de pet, são bichos frágeis porque a cultura humana não faz parte da sua natureza. O que é próprio dos bichos é estar na selva ou algum outro ambiente. Mas isso não se aplica ao ser humano, que tem um mundo interior. A grande tragédia em nosso tempo é que as pessoas não cultivam mais esse mundo interior. Se não cultivar isso, você e seu cônjuge se distanciarão e nunca mais se encontrarão. Sem cultivar um mundo interior bem definido, grande, com nuances, você não tem o que compartilhar com a outra pessoa, e nada fará essa conexão, essa comunhão que nasce do interior e se efetua na carne.

Falamos sério quando dizemos que a individualidade cultivada é fundamental para a vida a dois. O que sustenta o casamento é muito mais o nosso interior do que o exterior (mas, claro, cuide da aparência!). Algumas pessoas, raras, vão gostar de você pelo seu rosto, pelo seu tom de voz, mas isso é muito pouco para o que se espera de um ser humano. Você espera que o ser humano tenha tudo isso, que seja agradável fisicamente, mas que tenha um mundo interior que transcenda a aparência, a sua vestimenta, a sua pele, o jeito de falar, a cor dos olhos e a textura do cabelo. Todo o aspecto exterior é muito gostoso, principalmente para os amantes, e os namorados se apaixonam em primeiro lugar pelo que veem por fora. Eles se cheiram e se abraçam. Todavia, isso não é o bastante depois de um tempo. As pessoas, se pensarmos em termos de atributos físicos, são todas muito iguais umas às outras. O que nos caracteriza como uma pessoa (e amamos outra pessoa, não algo) é nossa riqueza interior.

Há uma cena do filme *Mãos talentosas*, de Thomas Carter, que ajuda a pensar sobre o assunto. No filme, Ben Carson é um neurocirurgião que concorre a uma vaga num hospital. O processo de seleção mostra que, entre ele e o seu último concorrente, não há grande diferença do ponto de vista do conhecimento técnico necessário para desempenhar a função. Sendo assim, qual dos dois deve ser escolhido? Ben se qualifica para a vaga depois de, em uma das provas como médico auxiliar, surpreender o seu supervisor com um comentário a respeito da música clássica que toca ao fundo.

Ben Carson, além de ter uma competência técnica extraordinária, possui também um conhecimento para além da sua especialidade. Em qualquer atividade especializada, é comum encontrarmos profissionais que, sob o aspecto do conhecimento da matéria de atuação, não se diferem muito, são igualmente bons no que fazem. Nesses casos, o que pode destacar uns dos outros é, de certo modo, sua riqueza interior. Uma pessoa que não domine ou não tenha recursos oferecidos pela cultura (música, literatura, cinema) é alguém que fica para trás.

E essa situação diz respeito a uma realidade profissional, a contratação de um médico. No casamento e na vida em família, em que o relacionamento não é profissional e técnico, mas pessoal, um interior cultivado é muito mais necessário. Muitas pessoas são tímidas e atribuem tal característica ao temperamento ou à personalidade. Quando começam a namorar, não sabem o que dizer diante da família do novo namorado ou dos amigos dele e ficam com cara de paisagem, desconfortáveis. O temperamento, no entanto, não é determinante a esse ponto. O que acontece, na maior parte das vezes, é que a pessoa não consegue falar ou se posicionar numa roda de conversa, principalmente quando os integrantes não lhe são tão íntimos, por falta de uma individualidade rica, por não dispor dos recursos e das referências que a cultura oferece. Não tem mundo interior.

Quando falamos em "se posicionar", não queremos dizer defender uma opinião, mas em ser uma pessoa simpática, que consiga levar uma conversa amena e fazer as pessoas gostarem de estar ao seu redor. Essa habilidade é considerada uma arte em países de língua inglesa. Chamam-na de *small talk* e até escrevem livros a seu respeito, ensinando como tornar mais agradável a vida das pessoas com que se tem um encontro fortuito. E é importante estarmos atentos para fazer disso o primeiro degrau de uma escada longa que nos leva até a transcendência, que é a capacidade de falar sobre as coisas mais importantes do mundo e da vida, tirando-nos do império da matéria e das trivialidades toscas com as quais as pessoas se ocupam. Veja bem: tudo isso é fundamental no casamento. Note como uma individualidade rica transborda em diálogos verdadeiros a partir de conversas amenas, mas cheias de referência e repertório.

Tudo isso depende da linguagem, que não é algo espontâneo. Você não nasce sabendo compor sonetos como os de Camões. Aliás, nem ele nasceu sabendo. Você nasceu chorando como faz todo bebê. Foi só com o tempo que adquiriu alguns poucos recursos linguísticos que lhe permitem se comunicar para ter as suas necessidades básicas atendidas e para adquirir um domínio mínimo da área mínima na qual você está instalado. Você está muito longe de dominar a linguagem a ponto de dar vazão ao mundo interior.

Você já deve ter falado, nessas situações de mesas de bar, para quebrar o gelo, alguma coisa que foi completamente ignorada. Isso acontece porque você tenta falar como se estivesse num ambiente doméstico ou profissional. Ora, no ambiente doméstico, as pessoas o ouvem porque elas o amam e se importam com você; e, no ambiente profissional, você é ouvido porque está entregando algo útil para as pessoas, um relatório ou um diagnóstico, um desenho ou um texto, e assim por diante. Num ambiente de bar, você não está entregando nada. Você precisa ser alguém interessante, e para isso é preciso um domínio mínimo da linguagem e um repertório que só o conhecimento proporcionado pela cultura (bons livros, bons filmes, boa música) pode dar.

Em *Mãos talentosas*, os dois concorrentes que disputam a vaga no hospital têm igualmente os mesmos recursos técnicos e profissionais. Os dois são igualmente excelentes, o que significa dizer que não faria diferença nenhuma escolher um e outro. Nesse caso, vence o que tem mais repertório: um deles conhece música clássica. São essas as coisas que fazem com que você se sinta mais seguro e se torne de fato mais interessante. Ter repertório é importante, não é algo que você deva desprezar. A arte é uma das coisas que mais lhe dão repertório, não só para você fazer o *small talk* do bar, mas também para lidar com as situações do casamento, desde as mais corriqueiras e triviais até as mais complexas. Ela permite que você seja uma pessoa com vida interior, que medita, reflete, tem o que dizer; e, além de o tornar interessante, faz de você uma pessoa mais interessada no que está ao seu redor, amplia seu horizonte.

Repertório é importante, porque a linguagem, a expressão verbal, seja oral ou escrita, não é como um espirro que sai do seu interior espontaneamente. Adquirir linguagem exige esforço, treino e dedicação, demanda atenção. Se não se esforça para estar atento, se não se esforça para recolher o que conseguiu capturar da sua experiência, você é como uma tábula rasa, por assim dizer. Que insuportável deve ser se casar com alguém assim, não é mesmo?

O que diferencia mesmo sicrano de beltrano é o mundo interior, é o repertório individual. Para enriquecê-lo, são necessários esforço, atenção e investimento: ler livros, assistir a filmes, estudar. Claro que uma coisa não exclui a outra: é possível cuidar do corpo, da saúde, e cultivar o seu mundo interior. E não é preciso ficar muito preocupado com o que ler ou assistir, como se só fossem válidas as obras que estão contidas na lista de recomendações deste ou daquele "representante da alta cultura", que cospe regras arbitrárias. Diante do pedido "diga-me um filme que marcou a sua vida", não tenha medo de falar *Procurando Nemo*, a história dramática do peixinho que foge e passa por grandes aventuras. Não cite Carl Dreyer ou Luis Buñuel apenas para parecer *cult* e receber a aprovação da plateia. Não seja aquele cara que tem medo de parecer trivial, ainda mais no casamento, no qual leveza e simplicidade são fundamentais. Afinal, somos brasileiros, usamos Havaianas (às vezes com um prego segurando o cabresto), e a nossa estética foi moldada por duas cores que não se encontram em nenhuma outra parte do mundo: o marrom do tijolo de terracota e o azul da caixa-d'água em cima das lajes, combinação presente em mais da metade das construções no país.

Um adendo sobre livros e literatura

Mas também não tenha medo dos clássicos, da grande arte. Em especial da literatura, que é a arte que mais aguça nossa linguagem, nos dá repertório para diálogo. O brasileiro, desgraçadamente, lê muito pouco. Não temos dúvidas de que isso é uma das principais causas da falência dos relacionamentos aqui. Ler um bom livro, um grande clássico, é um exercício de escuta generosa, de atenção; coisas que não treinamos, porque não lemos. Atenção e escuta, duas habilidades fundamentais em um relacionamento. Além disso, ao ler um clássico, um Machado de Assis, um Shakespeare, adquirimos potencial de expressão: saber dar nome às coisas, saber reconhecê-las. Tudo isso aparece depois em nosso casamento. Compreendemos melhor o cônjuge, sabemos o nome daquilo que ele sente.

Na nossa visão, gostamos de perceber os textos e as boas obras literárias de ficção, de romance e poesia, como um lugar de encontro entre o nosso coração e o do autor. Quando entendemos um texto ou uma peça literária assim, percebemos que a leitura não é mais uma coisa simplesmente odiosa ou cansativa, mas sim um lugar de intimidade entre o nosso coração e o daquele que nos comunicou algo estável do mundo. A literatura, o ofício do poeta, do romancista, do novelista, é um ofício de generosidade. O escritor, como um irmão mais velho, um pai, um sábio, oferece para os leitores um princípio de estabilidade neste mundo, um traço característico entre todos os seres humanos, um traço fixo e característico de um símbolo.

Quando lemos uma grande obra literária como *Crime e castigo*, de Dostoiévski, por exemplo (grande tanto no sentido do número de páginas quanto no sentido da imensidão de referências e da filosofia), temos de olhar para Dostoiévski não como um sujeito chato e maçante, e sim como um sujeito absolutamente generoso que gastou o seu tempo conversando conosco por meio do canal possível para ele, que era a sua obra literária. E, quando abrimos a primeira página de um *Crime e castigo*, de um *Guerra e paz*, de Tolstói, de um *O nó de víboras*, de Mauriac, de um *Moby Dick*, de Melville, temos de agradecer a cada um desses autores por ter feito a obra e por ter nos dado um espaço de intimidade.

As pessoas não se queixam tanto de não ter relações significativas no mundo e de que só há uma ou duas pessoas que as entendem, que param para ouvi-las e que elas gostam de ouvir? Isso ocorre até mesmo dentro do casamento. Existe de fato certa carência no mundo de relações íntimas, de possibilidade de intimidades. E isso ocorre por mil motivos: porque eu não tenho a circunstância, o ambiente, a atenção, porque o outro não tem a disposição do coração correto etc., mas a literatura é o lugar por excelência onde tal intimidade pode acontecer. E a literatura funciona para isso, porque ela cria esse espaço de intimidade. O que falta na peça literária é justamente o nosso coração se derramando nela (a intimidade entre um coração generoso e estável e o nosso coração titubeante que vai preenchendo, penetrando, completando aquilo que falta na peça literária). O texto não está completo enquanto o seu coração ainda não o encontrar.

O livro foi criado para que as pessoas possam ir até ele e nele encontrar outro coração.

A relação humana também funciona como essa finalidade literária, percebe? Quando a gente está em uma festa, na qual há várias pessoas, é normal que consigamos perceber uma intimidade maior com alguns e não com outros; nós colocamos nossa intimidade na mesa de conversa e às vezes as amizades surgem — é assim que surge a amizade dos adultos. Todavia, às vezes, a amizade não acontece, e a relação com os escritores é semelhante.

Quando pegamos um texto literário como, por exemplo, *Guerra e paz*, de Tolstói, precisamos, em primeiro lugar, agradecer a Tolstói por ter colocado o seu coração no livro, que é um grande horizonte de intimidade. Em cada parágrafo e linha o nosso coração encontra o coração de Tolstói, que é amplo, generoso, estável, produtivo e genial. Se você estiver em um momento no qual não consiga terminar de ler as páginas que restam de um livro, ouça esta dica: leia as primeiras 15 ou 20 páginas. Se você as ler e, mesmo entendendo algo do livro, não perceber dentro de você uma possibilidade de estar presente nele (sabemos que isso pode parecer maluquice), dê uma pausa de um dia e depois continue. Se mesmo com a pausa não perceber algo como uma intimidade dentro de você, leia outro livro. Você tem de perceber se o seu coração consegue entrar no livro; se perceber algo em você como uma intimidade, continue até o fim.

A grande literatura tem algo da dinâmica do relacionamento íntimo. Por isso quisemos fazer esse parêntese literário em um livro sobre casamentos.

A HISTÓRIA DE C. E A CONFUSÃO A RESPEITO DOS PAPÉIS

Saber cultivar seu mundo interior e reconhecer a importância de o cônjuge ter essa dimensão muito pessoal, sua individualidade, é ótimo para não ficarmos neuróticos a respeito de espaço dentro do relacionamento. "Preciso de espaço"; "ele disse que quer mais espaço" etc. Quem é pessoa, quem é gente, com repertório e um mundo interior rico, sabe se expressar melhor do que isso e dizer o que de fato quer (pois "espaço" é um termo vago e em geral não é o que a pessoa quer). Além disso, a pessoa já tem um "espaço" próprio: aquilo que ela carrega dentro de si, essa personalidade que sabe o que decidiu, conhece a missão que tomou para si. Ela tem esse lugar dentro do peito, que a torna muito consciente do lugar que ela ocupa no relacionamento.

Esse lugar é dela como indivíduo, mas nós não somos apenas aquilo que nos faz únicos. Somos também nossa condição comum, compartilhada com tantos, que nos é dada pela natureza: somos homem e mulher, masculino e feminino. Não falamos aqui de caricaturas e estereótipos, mas de uma bagagem que recebemos biologicamente e que afeta nossa maneira de ser e estar no mundo. Nenhum de nós é apenas isso, mas todos nós temos algo disso, e entender essa condição evita muitas frustrações.

Um exemplo do tipo de confusão e frustração que a ignorância da nossa natureza pode causar é o dessa história que o Italo recebeu, por e-mail, anos atrás. Vale a pena transcrevê-la aqui, para pontuarmos algumas coisas sobre o relacionamento entre homem e mulher.

Bom dia, Doc. Escrevo sabendo que você recebe histórias muito mais relevantes que a minha e, no fundo, talvez eu nem espere uma resposta. Mas é uma espécie de desabafo; talvez eu só precise colocar para fora tudo o que estou sentindo com a certeza de que alguém vai ler.

Conheço uma pessoa há alguns anos: [B.]. Nossas famílias são muito próximas e no último ano nos tornamos, sem dúvida, melhores amigos. Em dado momento, comecei a ajudá-lo em seu negócio — questões de finanças, organização, pagamentos, enfim, a gestão que faltava. Ficamos cada dia mais próximos; fazemos tudo juntos, falamos tudo no plural: é sempre "a gente", "nós". Afinal, acabei me apaixonando e me declarei, ao que ele me respondeu dizendo que me via apenas como amiga. Resolvi me afastar. Fiquei quatro dias sem responder mensagens ou atender às suas ligações. Nesse período, coloquei toda essa história em oração e pedi para Deus me mostrar o melhor caminho a seguir.

Enfim, ele me ligou insistentemente, pediu para conversarmos, disse que me amava, que esses dias o fizeram sentir muito a minha falta e perceber o que sentia por mim.

Decidimos ficar juntos. Agora, um mês depois, ele diz a todo tempo que eu tenho tudo o que ele quer em uma mulher, que ama minha companhia, que gosta muito de mim, mas que não está pronto para assumir um relacionamento sério.

Passamos por muita coisa nesse período de amizade. Nossas famílias são muito católicas. Inclusive, nos conhecemos na igreja. Porém, o pai dele acabou tendo umas traições descobertas... Sei o quanto isso o destruiu. Aquele homem, que era para ele o exemplo de família, quebrou alguma coisa dentro dele.

> *Acabo me apegando nisso para não desistir de vez, acreditando que algo dentro dele está quebrado. Mas ao mesmo tempo já temos 30 anos, não cabe mais espaço para "não estou pronto para assumir um relacionamento".*
>
> *Ele me chama para ajudar a ir ao mercado, fazer as compras para a casa dele, carro, trabalho, família; em tudo somos sempre um pelo outro. Vamos à missa todos os domingos juntos. Ele diz que nunca cresceu tanto, pessoal e profissionalmente, como ao meu lado. Entretanto, com "não estou preparado para assumir um relacionamento", parece apenas que ele não quer assumir as responsabilidades que uma relação traz.*
>
> *Pedi para ele fazer terapia ou direção espiritual. Ele diz que vai fazer, mas nunca sai disso. No fundo, sei que estou sendo tão covarde quanto o acuso de ser. Porque o mais sensato a se fazer é sair dessa relação de uma vez.*

A moça da história, a que chamaremos de C., começa servindo, dando suporte na organização, resolvendo a vida prática do sujeito. B. tinha lá o seu negócio todo desorganizado, e ela chega com a *expertise* profissional e começa a pôr tudo em ordem. Os homens têm sempre uma carência da mãe. Então, se a mulher chega no homem lhe propondo trazer a comida no prato, organizar as roupas e cortar o cabelo, claro que ele vai gostar, vai consentir e vai simpatizar com ela, do mesmo jeito que simpatizamos com nossa mãe.

Entenda: o fato de um homem adorar a sua mãe e o modo como ela o trata não significa que ele queira ter uma relação com ela. Isso é loucura do dr. Freud. Ele adora a mãe, adora que ela faça as coisas e mantenha distância. O homem gosta de quando a mãe cozinha e passa a roupa dele, e ele pode simplesmente agradecer e dar tchau. É que C. aparece na vida desse sujeito, se faz presente na vida dele feito uma mãe que ampara o filho nos seus pontos fracos da vida. E ele, obviamente, deixa, agradece; e ela se ilude: "falávamos tudo no plural". Isso é uma coisa puramente feminina. Ele fala assim porque é bom para ele; ela leva comidinha, organiza as finanças, era a gestão que faltava.

Não estamos dizendo que ele fosse desonesto e a enganasse, até porque ele nunca disse que queria se casar. Ele só estava aproveitando, curtindo a amizade. Homem gosta de amigo homem. A amizade de homem é a amizade masculina, com quem você pode num momento falar seriamente do trabalho e no outro não falar nada com nada e contar aquelas piadas sem graça, das quais, aliás, só os homens riem.

A amizade que o homem tem com a mulher nem sempre é sexual e nem sempre é um desejo de levá-la para a cama. O homem gosta da amizade da mulher que faça as vezes de mãe, que lhe seja prestativa e auxiliadora. Existe a possibilidade de o homem ter certa amizade com mulher, mas só nesse nível. A amizade do homem com a mulher ou é fundada numa segunda intenção, essa mesma que todos conhecemos, ou é fundada num "obrigado, mãe, vejo você depois". Se essa for a expectativa de ambos, a amizade será estabelecida.

Porém, a expectativa de C. não era essa, não era a de ser mãe. Ela se declarou: "Estou apaixonada." E ele disse que queria apenas uma amiga. Veja que ele foi honesto. E ela resolveu se afastar: por quatro dias não liga, não manda mensagem, rompe com tudo. Quatro dias, o tempo em que Lázaro ficou morto, é o tempo para o sujeito pensar:

"Minha mãe foi embora, estou sem roupa passada, sem marmita na geladeira, as contas embolando." Ele confunde a coisa toda e a quer de volta. B., é claro, vai pensar a respeito: "De repente é bom ter uma mulher (leia-se: mãe), já que ela faz tudo para mim." Essa é uma confusão de papéis comum, e nasce muito do desconhecimento da natureza masculina e feminina. Por mais que um homem adore sua mãe, ele não quer, com quase 40 anos na cara, voltar a morar com ela. Ele gosta de uma parte da história com ela, mas não de toda. Então, não é que B. não queira um relacionamento sério, como ele diz: ele não quer um relacionamento sério com C. Com ela, ele quer o que eles já têm, uma amizade na qual os dois se ajudam, fazem alguma companhia um para o outro, se gostam; mas ele não quer se casar, não quer ir para a cama com C.

A história de B. e C. não é de amor: é de amizade, na melhor das hipóteses. E ele é honesto quando diz que gosta da amizade, mas que não quer se casar com ela. Como dissemos, o homem gosta de manter ou uma amizade com uma mulher, ou uma relação na qual se conserva uma tensão sexual de fundo que pode ser aliviada. O negócio é que B. vê C. como uma amiga e não quer ir para a cama com ela. Ele não está destruído pelo pai, como ela chega a dizer, procurando uma desculpa; a maior parte dos homens não funciona assim. Isso é coisa de mulher, e só de algumas. E ela finaliza o e-mail confessando que sabe, no fundo, o que deve fazer. Não precisava de uma resposta porque já a tinha, mas por uma confusão de papéis e, claro, carência, medo de "encalhar", permitiu-se assumir o papel de mãe, papel condizente com a natureza feminina, mas não o que ela gostaria de assumir.

O espaço e o papel do homem e da mulher no casamento

Acreditamos que muitas pessoas que já tiveram, têm ou pretendem começar um relacionamento não têm clareza sobre o espaço que devem ocupar e o papel que devem desempenhar no casamento. Isso causa muita confusão e frustração, mais até do que na história de C., que felizmente não era casada com B.

Quando um homem começa um relacionamento, em geral está na casa dos pais, e, ainda que trabalhe para complementar a renda, a estrutura não depende dele. Ao propor um noivado para uma mulher, ele ganha pela primeira vez na vida a possibilidade de ser responsável. Até então, para os homens, a responsabilidade é analógica e distante, ou seja, uma cobrança de alguém que tem a obrigação de cobrá-lo.

Antes de se casar e ter uma família, ele só dispõe de um pedaço de responsabilidade, e não dela por completo. Já no casamento, a cabeça da estrutura é dele e o funcionamento depende dele.

Assim, quando o homem se casa, o que se espera é que ele seja o sujeito que banca, em todos os aspectos, a nova família. Isso não é o que a sociedade espera dos homens, mas o que a própria natureza masculina exige. Hoje em dia, a sociedade vai dizer qualquer coisa; contudo, a natureza masculina demanda um comportamento de sustentação.

No casamento, um homem que arranja confusão por causa do lugar em que vão passar as férias ou a noite de ano-novo não faz a mínima ideia do papel masculino na relação. Homem mesmo não arranja problema com coisas desse tipo. Em última análise, ele não está ali para que a sua própria vontade seja satisfeita.

A responsabilidade masculina é marcial. Ele não está na relação para satisfazer vontades ou descansar. A sua verdadeira posição consigo mesmo deve ser militar. "Eu sou o coronel deste grupamento que está se formando aqui." Um detalhe importante é que as mulheres jamais podem pensar assim, só os homens.

Em resumo, quando se casam, os homens recebem responsabilidade e devem entregar, sempre que possível, segurança financeira, afetiva, física e psicológica.

O homem não arruma confusão ou fica dando chilique. Ele, quando está com algum problema ou tristeza, não deve compartilhá-los com a esposa, porque, nesse caso, estaria transferindo a responsabilidade por algo que ela não consegue resolver. Desabafar com a esposa vai causar estresse e transformar as coisas num inferno porque, por definição, a mulher é impotente nessa esfera. Além disso, pelo fato de você transferir um problema que deveria ser seu, ela perde a calma e a confiança. Nós só desabafamos com Deus.

O homem, quando se casa, precisa entender que ganhar responsabilidade é uma maravilha. E o seu papel é, sobretudo, entregar segurança psicológica.

Em preocupações da vida a dois, o homem deve entregar soluções. Vamos a um exemplo pessoal: no final de 2020, Samia estava estressada e esgotada com a educação dos filhos em casa. Materialmente falando, a coisa estava ficando impossível porque ela cuidava da educação de cinco crianças; se gastasse duas horas com cada uma delas, isso significaria 10 horas de dedicação por dia. Então, em vez de desabafar sobre o problema, Italo foi atrás de soluções: organizou um esquema e contratou alguns professores específicos, de modo que Samia ficasse apenas coordenando e tivesse tempo para fazer as outras coisas.

O que se espera de um homem na vida a dois é a proposição de soluções. E é óbvio que a mulher vai aceitar. Conversas e discussões infinitas não fazem parte do propósito masculino. União de casal não significa desabafo. Homem, quando desabafa, afasta a mulher: é isso que acontece. Você é o barbado da história. Não tem nada a ver com "demonstrar fragilidade"; o fato é que ela não pode sequer entrar na sua cabeça. Se o homem é frágil ou não tem fé, está explicado por que as coisas estão dando errado.

O bom de falar com os homens é que aceitam rápido e não ficam transferindo as coisas. Com as mulheres a coisa muda. É mais difícil mesmo. Os problemas da masculinidade são bem mais simples de se resolver.

O homem, quando se casa, ganha a oportunidade de ser responsável. Já a primeira coisa que a mulher ganha quando se casa é a oportunidade de deixar as coisas doces e delicadas. Se não fossem as mulheres, os homens seriam todos bárbaros.

Cada uma à sua maneira, as mulheres devem fazer com que o relacionamento se torne doce. Elas podem desabafar com os maridos sobre as dificuldades enfrentadas, não há problema algum nisso. O ponto é que a mulher precisa oferecer ao ambiente familiar o sorriso. Aquela que não consegue fazer isso com o marido e os filhos deixa de cumprir o seu papel. Para ser doce, a mulher não precisa de muito dinheiro. Sua função é fazer isso com os recursos de que a sua família dispõe.

A parte feminina deve se ocupar com a seguinte questão: "Como eu faço as pessoas sorrirem aqui nesta casa?" É isso. Quanto aos homens, eles obviamente devem ser carinhosos. Acontece que, na estrutura natural, o carinho masculino é reativo, e não propositivo ou primário.

O homem pode ser extremamente carinhoso se a mulher for carinhosa. Dito de outra forma, se a mulher está cobrando um carinho do marido, o problema pode não ser ele. Ela precisa se examinar e encontrar o motivo de estar esperando que o homem seja carinhoso antes. Este tipo de coisa não vai acontecer, pois não faz parte da estrutura antropológica.

Se a mulher for carinhosa por um pequeno intervalo de tempo, o sujeito passará a ser assim também. De forma ativa e individual, o homem não consegue ser carinhoso por muito tempo. Isso é muito humilhante para o masculino, e a reação óbvia é o surgimento de uma violência interna que, aos poucos, vai se transformando em casca.

O estado de espírito da mulher influencia toda a casa. Assim, no casamento, ela ganha a possibilidade de adoçar o lar. E o que se espera é que consiga fazer com que as outras pessoas desenvolvam um estado interior de sorriso por meio do carinho, da delicadeza e da simplicidade. O mínimo que se espera de uma esposa é que seja carinhosa, e a mulher precisa ser assim. Ouvimos muita reclamação de que faltam homens de verdade e coisas do tipo, mas a realidade é que faltam mulheres também. "Gente, mas homem também tem que ser carinhoso!" Sim, ele vai ser, mas só se você for carinhosa primeiro. Caso contrário, o homem só vai ser carinhoso com você até conseguir uma relação sexual; depois disso, acaba. Acontece que, se você for carinhosa antes, ele vai gostar disso e passará a ser carinhoso naturalmente.

Algumas mulheres dizem que homem só quer transar, mas não é verdade; o homem quer conviver. Mas, quando a mulher não é carinhosa, o ambiente se torna mais seco e a chance que o cara tem de estar com a mulher é somente no sexo. Parece que ele quer isso o tempo todo, mas, se a mulher for divertida e espontânea, tudo fica mais equilibrado.

Às mulheres, dizemos: sejam carinhosas e olhem nos olhos. Tenham um cuidado mínimo com as coisas materiais da casa; não é muito difícil. Deem beijinhos, carinho e comida, organizem a mesa, sirvam. Como diria a nossa avó, não vai cair a mão de ninguém se vocês fizerem isso. Beijos, sorrisos, olhares e companhia é o que se espera de uma mulher. Em contrapartida, o que se espera do homem é que ele não encha o saco dela com problemas que ele mesmo deve resolver.

Muitas pessoas nos olham e ficam surpresas. Uma família de sete filhos, meninos bem-educados, o pai e a mãe muito ocupados. Samia dá cursos, orienta uma porção de gente e é uma mãe toda entregue. Italo tem uma vida profissional das mais intensas, empresas, alunos etc. Essas pessoas sempre perguntam como dividimos as tarefas. E ficam surpresas quando descobrem que nunca fizemos isso. O que sempre existiu em nosso casamento foram ambos, ao mesmo tempo, querendo fazer o máximo possível, tentando também poupar o trabalho do outro. Isso faz a vida fluir e torna tudo o mais fácil possível.

Quando as coisas estão organizadas, tudo se encaixa perfeitamente. Homens, ocupem os seus lugares com uma postura marcial de amor e alegria. Mulheres, vejam o lar como uma oportunidade de exercer a doçura, o carinho, a feminilidade e a fragilidade. Tenham consciência de que os homens vão sustentar as coisas. Preocupem-se em colocar um sorriso no rosto das pessoas que estão à sua volta. Não há necessidade de divisão de tarefas nem de "espaços" para cada um quando ambos respeitam a própria natureza e sabem seu papel.

Plano de ação

Este é o espaço para você anotar e detalhar os planos de ação que lhe ocorreram durante a leitura deste capítulo. Lembre-se: você deve optar por ações concretas e simples, que possam ser realizadas e avaliadas a cada dia e nas circunstâncias de sua vida conjugal, que não é igual a nenhuma outra. Planos e resoluções abstratas e megalômanas podem até ficar bem no papel, mas são irrealizáveis na prática!

Como servirei ao meu esposo ou esposa à luz do que li nestas últimas páginas?

_____
_____
_____
_____
_____
_____
_____
_____
_____
_____
_____
_____
_____

Capítulo 3
A CONSTRUÇÃO E O CUIDADO COM A INTIMIDADE

Fascínio e olho no olho

No Capítulo 1, vimos que o ser humano, diferente de tudo o mais na natureza, pode contrariar a própria finalidade. Um rio não pode parar de correr, um leão não pode decidir ser vegetariano. Por isso, dizíamos, a natureza nos impacta: quando olhamos uma paisagem ou um animal, temos a totalidade da coisa diante dos nossos olhos. Vemos o rio tal como ele é, sua natureza, sua finalidade. Ele não pode ocultar isso de nós.

O ser humano, por outro lado, pode ocultar seu eu. Quem nós somos é algo interior, íntimo, e nem sempre revelamos isso. Revelar esse eu equivale a revelar o nosso íntimo, e ter intimidade com alguém não é outra coisa além de ser quem é, tal como o rio que corre é sempre o rio corrente, na presença do outro.

Para nos ajudar na compreensão da pessoa humana e sua intimidade, recorremos ao filósofo espanhol Julián Marías, que foi alguém que se interessou profundamente por esse tema. No seu livro fundamental, *Antropologia metafísica*, ele trata da nossa vida com todas as suas notas ao abordar o que chamou de "estrutura empírica" da vida humana, que é dramática, argumental, narrativa, circunstancial. Para ele, a tradição filosófica, mesmo não estando de todo alheia ao tema, manteve-se à margem dele por dois mil anos. A definição clássica de pessoa dada por Boécio: *Persona proprie dicitur naturae rationalis individua substantia*, isto é, "uma substância individual de natureza racional", embora verdadeira, diz-nos pouco sobre o que é a vida humana. Com a sua obra, Julián Marías inaugura uma percepção do homem como alguém narrativo, como alguém que tem uma história, um drama.

O homem está sempre instalado em um certo lugar e ao mesmo tempo se projetando para fora dele. Os desafios que enfrentamos, assim como os projetos que assumimos, são precisamente a articulação dessas duas coisas, o ponto desde o qual partimos e o ponto ao qual nos dirigimos. Se você reparar bem, verá que estamos sempre nos projetando a partir de onde estamos instalados.

Essa realidade é o que a pessoa tem de mais íntimo e é nisso que devemos fundar o nosso interesse quando nos relacionamos com ela. Sobretudo em um casamento, onde buscamos construir uma intimidade. Qualquer outro interesse periférico (o corpo ou o dinheiro do outro, por exemplo) não é capaz de sustentar um relacionamento íntimo. Por isso, para começarmos a construir a intimidade precisamos ser capazes de tocar no centro do cônjuge, na corda que vai fazer ressoar a sinfonia que chamamos de *pessoa humana*.

A primeira condição para a construção da intimidade é você se importar de verdade com os desafios e com as lutas do cônjuge. Damos o primeiro passo para fortalecer a intimidade quando buscamos identificar quais as lutas que a outra pessoa enfrenta e em que ela se empenha para melhorar. Um sinal claro de distanciamento e de impessoalidade na relação — e, portanto, um sinal claro de que vocês não são mais íntimos — é você ignorar as batalhas que a outra pessoa encara.

Quando ignoramos isso, vemos o outro como coisa, desconsiderando sua pessoalidade. Um copo, por exemplo, não tem vetor e nem projeto, é uma coisa acabada, perfeita, por assim dizer. Dito de outro modo, um copo já está no céu, salvo, concluído. Nós não somos assim. Nós não estamos salvos ou concluídos. Estamos em um fazer-se. Acontece que podemos abdicar desse vetor, que é a estrutura central e empírica da vida humana, e assim ter uma redução vital grave. Por esse motivo, uma das características da intimidade é nos importarmos com a estrutura empírica da vida humana do cônjuge.

Quando compramos uma caneta, ela já vem pronta e acabada. Acabada não no sentido de que ficou velha e imprestável, mas no sentido de que está terminada. Ao olharmos para essa caneta, conseguimos apreender a sua totalidade. Por não ter um mundo interior, a sua mera presença física nos revela tudo o que está por dentro dela. Agora, algo que você pode comprovar por sua própria experiência é que, quando olhamos para alguém, para um rosto humano, que sequer precisa ser de alguém conhecido, essa percepção não é igual.

Quando olhamos para um rosto, algo nos comunica uma realidade "futuriça". O sufixo "iço" indica certa tendência. Uma pessoa irritadiça é uma pessoa que tem tendência a se irritar. Ser futuriço, portanto, é ter uma tendência ao futuro. Todos nós percebemos isso quando olhamos para o rosto de alguém. E tem de ser o rosto, porque um cotovelo ou um pé não tem tendência ao futuro. Um rosto humano, sim, irradia uma tendência ao futuro, uma tendência a realizar um projeto.

Não dizemos que essa caneta é pessoa porque ela não tem vetor, ela não é futuriça. Uma caneta não tem essa dualidade existencial chamada "agora e na hora da morte". Para ela as duas coisas estão fundidas. Já um ser humano tem o "quem sou?" e o "que se fará de mim?", que, para Julián Marías, são as duas perguntas fundamentais da atividade filosófica. Essa luz que aparece quando eu contemplo o rosto do cônjuge é o núcleo da pessoa. E é a consciência disso que permite a segunda condição para a intimidade com o outro: fascinação.

Precisamos ter isso em mente na hora de abordar o cônjuge no dia a dia; pois, se isso não está claro, se aquela pessoa for para nós apenas um corpo, uma capacidade de fazer cálculo ou uma carteira cheia, estamos nos relacionando não com uma pessoa, mas com uma peça de um tabuleiro imaginário e tirânico que criamos. Isso é coisificar o outro.

Se coisificarmos o outro não vamos nos relacionar bem com ele de forma alguma, porque não o entendemos como um alguém, mas como um algo. E é impossível termos intimidade com algo, com uma coisa. Até mesmo a ideia de "meu marido", "minha esposa", quando reduzimos o cônjuge a isso, é uma mentira. O que de fato existe são Italo, Samia, pessoas. Não podemos perder de vista que ser esposa ou marido é uma das coisas que aquela pessoa é. Ter isso claro nos ajuda a tirar, a desvincular nosso casamento desse tabuleiro imaginário que criamos.

Temos de olhar para a outra pessoa realmente, olhar para o mistério que há dentro dela. Conseguimos chegar a esse ponto quando estamos diante dela e tentamos encontrar aquilo que há nela, não aquilo que está em nós. Isso parece evidente e trivial, mas, em geral, se entramos meio cegos, nervosos, com pressa, sem treinar o olhar numa interação, pode ser que jamais venhamos a acessar o profundo que há no outro. Para tanto, é fundamental nutrir esse fascínio pelo cônjuge, e fazemos isso todas as vezes em que olhamos para o rosto dele e confessamos que ele tem um mundo interior que não abarcamos, que não compreendemos por completo, mas que podemos amar, admirar, impulsionar e até contrariar às vezes. Não podemos abranger o interior de ninguém, do contrário teríamos um delírio de ser Deus: "Todos estão contidos em mim." Pensar assim é não entender o que é uma pessoa humana e não saber se relacionar com ela.

Quando estamos numa relação a dois e, olhando para o outro, tocamos esse nervo, essa corda, pegamos esse grão, essa pepita, esse núcleo biográfico que vai nos contando uma história, conseguimos começar a nos aprofundar nessa realidade do amor. O fascínio e o interesse pelos desafios do outro são o começo da criação da intimidade. E o começo desse processo é olhar nos olhos.

Existe uma tendência de algumas pessoas reclamarem de que estão se desapaixonando. De repente, olham para a pessoa com quem conviviam, para o marido, para a esposa, e sentem um "desapaixonamento", um "desnamoramento"; uma queda de desejo, de tesão, de alegria, de motivo. Claro que, se você chega a esse ponto, não há qualquer intimidade entre você e quem está do seu lado. Você sente que está no meio de coisas, só.

O exercício que vence isso é simples, embora se trate de uma das experiências mais profundas, mais marcantes, mais impactantes, mais transformadoras da existência humana: contemplar os olhos de alguém, olhar nos olhos.

Quando nós nos relacionamos com uma pessoa que olha no nosso olho (em qualquer relação, não precisa ser no casamento), nós já mudamos a qualidade do relacionamento. As pessoas notam, as pessoas comentam, as pessoas dizem "caramba, você é uma pessoa que olha no olho", pois hoje ninguém está mais acostumado com isso. Por quê? Dizem que o olho é a janela da alma. Existe uma grande verdade nesse clichê. O olho é a janela da alma em que sentido? O que é a janela? A janela é aquilo que faz com que vejamos para além, com que não fiquemos circunscritos no meio ambiente. Quando olhamos para a janela que está aqui atrás, lá para fora, vemos algo que está para além da presença maciça da nossa sala, vemos uma coisa que está para além.

Quando olhamos no olho de alguém, é impossível — veja bem o que estamos dizendo — não surgir dentro de nós certa impressão, uma impressão de que há algo a mais. "Não é só isso aqui." Por quê? Porque, quando olhamos no olho de uma pessoa, de um bebê, por exemplo, começamos a nos questionar: "Caramba, o que vai ser desta vida? Para onde ele vai? Como ele vai se realizar? Será que ele vai estar aqui, entre nós, por mais tempo?"

Agora, quando olhamos no olho da pessoa que amamos, do marido, da esposa, o que acontece? Começamos a nos perguntar: "Será que eu também sou amado? Será que eu também acesso essa dimensão profunda? Será que ela acessa minha dimensão profunda?" Existe toda uma conexão que vai ser estabelecida, de expectativa e de frustração, de desejo, de medo, mas é justamente essa massa meio sem nome que nos dá a inscrição, a dimensão da vida verdadeira.

Então, olhar no olho das pessoas, fixar o olhar no olho delas, nos tira da visão materialista do mundo. Ao olharmos no olho de alguém, já somos incapazes de nos relacionar com aquela pessoa como coisa. Isso porque nós notamos que há, do outro lado, para dentro, para cima, uma dimensão virtual de desejo, de possibilidade, de expectativa, uma dimensão maravilhosa do que é ser humano. Toda aquela trama de que a vida é feita, o centro do eu de que nos fala Julián Marías, é intuído pelo olhar. E, sem essa dimensão, a intimidade é impossível.

Isso ocorre só no olhar humano. Já olhou no olho de um cão? Por mais que tenhamos cachorrinhos, que amemos nossos pets, nossos animaizinhos de estimação, o olhar do cão é um olhar que não comunica. A comunicação de um cachorro, sua expressividade, está no pulo, está no rabo, em abanar o rabo, raramente está no olho. Agora, você vai argumentar: "Não, um cachorro transmite emoção." Ok. E um tatu-bola? E um peixe? Até dizemos "você está com um olho de peixe". O que é isso? É o olho daquilo que não tem interioridade. Nós sabemos qual o movimento. Um cachorro dificilmente surpreende a gente, por mais que o amemos. Nós sabemos o que vai acontecer, sabemos como o cachorro age. E um peixe? Um peixe jamais surpreende. O peixe fica vagando no aquário para sempre. Se você joga comidinha em cima, ele sobe. É óbvio. São seres que, embora possuam olhos, não têm uma dimensão interior profunda como a do ser humano.

É preciso olhar nos olhos. O olho é o elemento mais expressivo do ser humano. Nem tudo é tão expressivo quanto ele. Um cotovelo não é tão expressivo quanto um olho; um dedão do pé não é tão expressivo quanto um olho. Existem cotovelos muito parecidos. É possível confundir o cotovelo da esposa com o cotovelo de uma atendente de supermercado. Por quê? Porque não é expressivo, não há um elemento de concentração individualizante ali. Nós nos confundimos, podemos nos confundir. Ora, um olho jamais. Um olho nós sempre vamos reconhecer; o olho daquela pessoa que nós amamos. O olho é aquilo que comunica, que tem a maior concentração de pessoalidade.

Temos de tentar fazer disso um exercício diário. Esse é o exercício fundamental, profundo e ao alcance de todo mundo. Todos podem fazê-lo hoje mesmo. Quando começamos a olhar no olho das pessoas, paramos de nos confundir, paramos de achar que elas são coisas. E no casamento isso é fundamental e abre o caminho para a intimidade.

Intimidade entre homem e mulher e os erros na comunicação

Olhar nos olhos é um exercício que nos recorda, quase instantaneamente, aquilo que ensina Julián Marías sobre a natureza humana. E o fascínio pela pessoa, o interesse por seus desafios, tudo isso abre as portas para a intimidade. Mas sabemos que, na prática, homem e mulher enfrentam, diariamente, as diferenças inscritas em sua natureza masculina e feminina. E isso aparece principalmente na forma como se comunicam.

Já há algum tempo, foi realizada uma experiência que achamos bastante interessante e que mostra um pouco a diferença de reação entre homens e mulheres. Não que isso sempre seja assim, nem que sempre aconteça, mas aqui é bom a gente raciocinar pelo padrão, pelo modo habitual dos acontecimentos.

Foi uma experiência interessante. Uma universidade americana convocou um grupo de voluntários para fazer uma investigação. Eles contavam para os voluntários que ia acontecer uma situação e separavam mulheres e homens. Um grupo de dez mulheres de um lado e um de dez homens de outro. Eram salas diferentes e não havia comunicação entre esses dois grupos.

Começaram a experiência. Os grupos iam se submetendo à situação proposta. Mas a verdade é que os pesquisadores não estavam querendo saber o resultado daquela situação, e sim qual era o modo de se comportar desses dois grupos se eles fossem expostos a uma situação de risco real. Olha que interessante a sacada dos pesquisadores.

No meio da dinâmica a que os grupos estavam sendo submetidos, começaram uns barulhos fora das salas. E os participantes não estavam entendendo; não sabiam se a coisa estava sob controle ou não. De repente, os pesquisadores começaram a simular uns gritos, barulhos de tiro, uma situação caótica; a luz ficava piscando e apagando. E os participantes começaram a ficar em pânico, achando que estava acontecendo uma situação de risco real lá fora.

Tudo era controlado pelos pesquisadores, mas os participantes não sabiam disso.

Eles ficaram desesperados. Ninguém ia lá acudir ou dar explicações sobre o que estava acontecendo. Então, uma vez instalada a situação de caos, o grupo feminino começou a se unir e a tentar achar soluções.

Nas filmagens da sala via-se que uma acolhia a outra, acudia a outra. Elas se consolavam mutuamente. Aquelas mulheres que tinham um espírito mais maternal pegavam e davam um abraço nas que às vezes tinham um jeito mais filial, que eram um pouco mais sensíveis. Montou-se uma comunidade ali, com mulheres se apoiando mutuamente no campo afetivo. Elas se uniam para que pudessem dar conforto umas para as outras.

E o que acontecia na sala dos homens? Via-se que no início da experiência, quando a coisa começava a fugir do controle, eles ficavam atentos. E, quando a situação de caos já estava instalada, permaneceu cada um no seu canto. Olha só que coisa curiosa. Em pouquíssimos momentos se comunicaram uns com os outros. Os homens ficavam isolados, cada um no seu canto, tentando achar uma solução para fugir pela janela ou tentando dar uma pancada na porta para que esta se abrisse.

Aqui já temos uma distinção que pode se tornar bastante evidente no modo de funcionamento dos gêneros, do homem e da mulher, em situações de crise. Com isso em mente, é possível prevenir muitos conflitos familiares. Por quê? Se a gente sabe que esse é um modo de funcionamento que muitas vezes escapa à vontade, que é o jeito a partir do qual o homem funciona e a mulher funciona, podemos ir para o nosso casamento preparados com um conhecimento muito útil.

Numa situação de crise, se, porventura, um homem fica fechado, ele não fala, não se comunica, você pode ter quase certeza de que ele não está sendo negligente. Não é que ele não se importe com os seus afetos ou com o modo como você pensa. Provavelmente ele está apenas tentando bolar uma solução. E esse é o modo mais habitual que ele tem para fazer isso. Em geral, não ajuda muito para o modo de funcionamento masculino entrar em contato e ficar conversando. Isso em geral dispersa o homem. Ele não consegue se concentrar para tentar chegar a uma solução.

Saber essas coisas pode nos ajudar muito. As mulheres podem compreender de forma muito mais tranquila que, provavelmente, não estão sendo negligenciadas. Elas não estão com uma desconexão afetiva com o seu marido. E o homem sabe que essa é uma demanda feminina: estar em contato, compartilhar, abraçar ou ser abraçada; e assim ele é capaz de dar um passo para além de seu funcionamento natural. Qual é o funcionamento natural masculino? Isolar-se. Qual pode ser o passo além que a gente pode dar numa situação de crise? Lembrar que provavelmente a mulher está precisando trocar uma ideia, entrar em contato, ser abraçada ou abraçar, ter o contato físico.

Isso ajuda a remediar atritos, muitas vezes inevitáveis, nas crises. E assim o momento de crise familiar se torna um momento de crescimento da intimidade do casal, pois ali há aquele interesse pelo desafio que o outro está vivendo e o olho no olho.

Por exemplo: um problema financeiro. Provavelmente o homem vai ficar mais fechado e vai ter arroubos de irritação, porque ele é abordado pela mulher. Nota que a mulher está preocupada, está tentando bolar soluções, está tentando falar.

O que a gente pode fazer para solucionar conflitos assim? O homem pode se dar mais, pode tentar falar mais. Pode se colocar à disposição, perguntar para a mulher o que está acontecendo. Isso em geral ajuda muito as famílias. E o que a mulher pode fazer? Ela pode entender que muitas vezes o homem precisa de um momento de concentração. Esse é o modo pelo qual ele habitualmente consegue se acalmar e encontrar alternativas.

Agora, vamos lembrar que isso aqui não é uma caricatura. É assim mesmo que funciona. Não é sempre que todo homem funciona assim, e o mesmo vale para as mulheres. A gente tem nuances no meio. Aqui só estamos marcando o que é a norma, e no geral é assim.

Ajuda muito a gente saber o funcionamento e se adaptar. Adaptar-se um ao outro é a chave da história. Não se trata de o homem ceder completamente de um lado e a mulher do outro, porque a gente vai acabar se desfigurando. Mas de entender que é desse modo que as coisas funcionam mais habitualmente. Assim, aproveitamos melhor esses momentos para a construção da intimidade.

Sabendo disso, prevenimos uma série de conflitos do casal, porque, de um lado, a mulher acha que está sendo negligenciada, que o homem não gosta dela, ou que já não se importa tanto. E, do outro, o homem pode achar que a mulher não respeita o ritmo dele, ou que está falando demais, ou que está dando palpite no que não sabe, e assim por diante. E não é nada disso, mas apenas o jeito de cada um ser. É possível, sabendo disso, prever melhor os desafios do cônjuge e olhar para ele amorosamente como outra pessoa, como alguém com seu drama interior, e acessá-lo da maneira mais adequada (abraçando a esposa ou respeitando o ritmo do marido).

A gente vê que muitos conflitos de família aparecem pelo desconhecimento da antropologia humana, de seu funcionamento habitual. Além disso, no nosso tempo existe um fetiche grande sobre todo o campo da linguagem corporal. A linguagem corporal existe, é evidente. A programação neurolinguística, PNL, difundiu muitos desses conhecimentos. O pessoal que estudou PNL sabe que o corpo fala. A gente sabe que às vezes, dependendo de para onde o olho se move, o sujeito está acessando certas áreas do cérebro.

Mas, veja bem, a linguagem corporal não dá conta de revelar aquilo que tem de mais profundo no ser humano, seu drama vital. E em geral, no nosso tempo, a gente imagina que é o contrário; o que tem de profundo mesmo é o que a linguagem corporal está revelando. Só que isso não é verdade. A linguagem corporal revela muito do funcionamento do homem ou da mulher, mas o que pode revelar o que se passa de mais profundo dentro da gente é a linguagem verbal. A linguagem verbal é propriamente humana, consciente. A capacidade de articular as ideias, de expressar os conceitos, é própria da linguagem verbal. E é só a linguagem verbal que dá conta, por exemplo, de expressar um para o outro, para marido e para mulher, os projetos, os desafios da vida, especialmente nos momentos de crise. Só ela dá conta de expressar aquilo que há de mais profundo no coração.

Negligenciar a comunicação verbal em um casamento é uma receita quase certa para que os dois se distanciem. Se deixarmos que o cônjuge nos conheça apenas pelo nosso modo de agir, pela maneira como nos portamos ("se eu fecho a cara para a esquerda e boto o braço para a direita, o meu marido tem de saber que na verdade eu estou querendo sair para jantar"; "se eu estou sentado no sofá..."), fica vedada qualquer intimidade real.

Na vida real, a gente precisa ganhar essa fluência, essa capacidade de expressão verbal. A expressão verbal é a capacidade de colocar na mesa o que há de mais profundo no nosso coração, o que há de mais profundo na nossa alma, dentro da nossa biografia, mostrando para o outro nossos projetos, nosso amor, nosso mundo interior. Essa capacidade de mobilização verbal é que pode, de fato, unir o casal, gerando intimidade.

Isso, no nosso tempo, se perdeu muito. Muitos dirão o contrário para você, muitos psicólogos vão dizer: "Não. É a comunicação corporal que dá conta de unir, de atar as intimidades." Isso não é verdade. A comunicação corporal tem um papel importantíssimo na interação do casal, é evidente. Mas a comunicação verbal, essa capacidade de falar e de ouvir, de compreender com calma e de se fazer compreender, é o que de fato pode atar as duas intimidades no médio e no longo prazo — se for feita entre pessoas com interesse, fascínio, olho no olho.

Precisamos sempre exercitar a nossa expressão verbal. O que sugerimos para os casais? Que consigam reservar um tempo na semana para conversar. "Mas, Italo, Samia, isso tira a espontaneidade!" Poucas coisas nesta vida são espontâneas. Um espirro é espontâneo, uma tosse é espontânea, se coçar é espontâneo. Manter um projeto, edificar uma vida interior, construir uma intimidade, em geral não vai ser feito à base da espontaneidade, mas do planejamento, do amor, de botar o nosso interesse, o nosso coração na mesa.

Sugerimos aqui para os casais um tempo na semana para poder conversar mesmo, para poder estar gostosamente um com o outro, olho no olho. Sair para jantar, para ver um filme, ir ao teatro ou dar uma volta no parque. Aí vai depender da cidade em que você mora, da situação financeira de cada um, da disponibilidade de tempo. Planejar-se nesse sentido é muito importante.

"Italo, Samia, não tem como. Eu tenho dois filhos pequenos." Uma vontade encontra uma maneira. É sempre possível fazer algo. Chama alguém, tira ali um dinheiro que estava reservado para outra coisa e investe em uma babá que vai ficar ali umas horinhas para que vocês possam sair.

Cultivar esses momentos de intimidade é muito importante para que esse lugar da fala, da expressão verbal, possa aparecer e manter os dois corações em sintonia. Assim fazemos com que a nossa intimidade não se perca e não ficamos distantes um do outro no curso de uma vida.

Esse tempo semanal que estamos sugerindo não é para DR, não é para discutir a relação. A famosa DR tem uma conotação negativa no nosso tempo. Parece que a gente está sempre querendo resolver as questões, botar tudo em pratos limpos. Não é isso. Não é só para resolver o que está ruim na relação, o que precisa melhorar. A ideia é estar junto; conversar sobre projetos, sobre coisas que aconteceram na semana, sobre como estão as crianças, sobre como a gente está; às vezes falar baboseira, falar besteira. Não é só para discutir, só para trazer os pontos negativos da relação. É para poder estar ali com o outro, tranquilamente. Isso permite o olho no olho e, assim, nessa conversa simples, você pode se fascinar uma vez mais pelo mundo interior do seu marido, da sua esposa. É nesse convívio que vamos deixando nosso eu aparecer para o outro, ou melhor, que o eu se revela diante de um olhar interessado em nosso projeto vital, nossa biografia, nossos dramas.

Vamos repetir: não é para ficar falando do que não está legal no relacionamento. Às vezes pode valer a pena combinar: "Hoje a gente não vai falar mal de ninguém, hoje a gente não vai falar mal nem de um nem do outro. Hoje a gente só vai falar de coisas positivas." Às vezes o cansaço do dia a dia leva a gente a olhar as coisas por um prisma determinado, a olhar as coisas por uma matriz negativa. E acaba que a conversa fica pesada. Aqui a ideia não é discutir a relação, mas criar um ambiente que favoreça o aparecimento da intimidade.

Sexo e intimidade

O campo sexual é um domínio importantíssimo no desenvolvimento da intimidade do casal. A vida sexual é fundamental, sobretudo em determinada época da maturidade do relacionamento. Por quê? Porque é durante o ato sexual que certo modo de intimidade aparece. Claro que a intimidade pode ser acessada de várias formas, como com o diálogo, como já mostramos. Mas é natural, no casamento, a vivência da intimidade, o desejo de intimidade, a entrega, de certo modo, que só pode ser feita para aquela pessoa com a qual você está, e essa coisa só aparece durante o ato sexual. Porque é nele que existe toda uma dinâmica de entrega, de penetração, de abertura, de olho no olho, de troca de energia, de troca de carinho, de troca de sentimento, de troca de afeto.

Em tese, 80% das coisas que vivemos no relacionamento podem ser compartilhadas com qualquer pessoa. No entanto, em relação ao sexo, só podemos compartilhar com a pessoa com a qual estamos casados. E é aí que a coisa aparece de modo mais pleno. É aí que a intimidade, de fato, se verifica de modo mais atado, de modo mais uno, de modo mais íntimo mesmo. Quer dizer, trata-se da intimidade por definição.

O domínio sexual é muito importante. Você pode argumentar: "É, a coisa, realmente, aqui em casa não anda muito bem." Atualmente, se você procurar soluções para isso na internet, vai encontrar coisas do tipo "Como apimentar o seu relacionamento". Pelo amor de Deus, não recomendamos que você faça esse tipo de coisa, porque gera mais confusão do que ajuda: gera uma expectativa performática durante o ato sexual, e não é essa a ideia. A ideia é fazer a coisa acontecer de modo que ali dentro estejam presentes, de fato, o prazer específico, a capacidade de derramar sua intimidade e de receber plenamente a intimidade do outro. E, junto com tal entrega, tal recebimento, havemos de conseguir fazer com que essa intimidade ganhe vida, ganhe uma forma de preenchimento, de plenitude, a qual vai, de fato, alimentar os espíritos.

Segundo Julián Marías, somos um eu que conta uma história na linha do tempo. Para isso, precisamos de pontos de chegada e de partida, entre os quais existe um argumento vital que pode ser de banalidade, serviço, heroísmo ou sabedoria. O fato é que, com a quebra do elemento estruturante chamado liberdade, ocorrida pela perda dos instrumentos que a fortalecem (a religião, a cultura etc.), o homem passa por uma espécie de rebaixamento e passa a viver como um cão decepcionado e triste, no qual as funções biológicas ocupam o espaço de quase tudo.

Se fizermos um retrato da pessoa contemporânea, iremos encontrar nela a exaltação da comida, do sexo e do conforto. A vida de todo mundo passou a ser uma espécie de canil arrumado. É meio difícil ouvir isso que estamos dizendo, mas basta abrir o Instagram de qualquer pessoa para nos darmos conta de que é assim mesmo. A quantidade de séries e documentários sobre comida, conforto e sexo, por exemplo, é extraordinariamente obscena. Não duvidem disto: mais do que em um ambiente hipersexualizado, vivemos em uma atmosfera hipernaturalista.

Não é normal que tantos casais apresentem problemas sexuais como hoje em dia, e a maior parte disso se origina, sobretudo, na valorização excessiva de confortos naturalistas. A vida das pessoas se tornou parecida com a de cães no cio. Atualmente, está acontecendo alguma coisa que faz com que as mulheres não tenham orgasmos e os homens não se excitem, apesar da hipersexualização. Estamos inseridos num cenário de confusão infernal. Em todo canto existem bichinhos que não sabem falar ou reconhecer a importância do outro.

Em nosso tempo, o sexo é uma questão tão problemática que as pessoas chegam ao ponto de se perguntar sobre a frequência normal das relações entre casados. A pergunta é absurda, pois isso depende do momento de vida. Se o cara trabalha na plataforma de petróleo, voltando para casa somente a cada 15 dias, por exemplo, o casal terá uma frequência muito específica. Saiba que é normal o seu cônjuge não querer transar às vezes, do mesmo modo que nem todos os dias quer passear, assistir a televisão, visitar a sogra etc. Acontece, podem acreditar: ninguém precisa transar o tempo todo. Não existe normalidade para a frequência sexual, mas existe uma aparente demanda cultural por sexo. No mundo animal é assim mesmo porque existem ciclos reprodutivos. Acontece que, quando as dimensões unitivas e procriativas são perdidas, o sexo humano perde as suas distinções.

A maior parte dos bichos não olha nos olhos dos seus parceiros durante o ato sexual, mas o ser humano, sim. Para os animais, o sexo é meramente reprodutivo, não possuindo as notas unitiva e procriativa exclusivas do ser humano; com efeito, eles não elegem alguém para a formação de uma família. Não existem qualitativos morais no sentido da livre escolha do parceiro sexual; não existe dor de cabeça, práticas de conquista, contas a pagar etc. Assim, no mundo animal, o sexo é imediato: machos e fêmeas viáveis se cruzam e a coisa está encerrada. O que se espera de um ato dessa natureza é a reprodução; havendo fecundação, um bicho muito semelhante aos seus congêneres surgirá no mundo. Um vira-lata que nasce é um indivíduo novo porque materialmente não existia antes, mas ele não tem um eu porque não é livre, não pode fazer escolhas e não é um universo novo em expansão, dotado de projeções, desafios, esperança e fé. Os cachorros são simplesmente bichos. Então, é natural que o ato gerador de um ser com características assim seja meramente reprodutivo e extremamente próximo da matéria.

É óbvio que para o ser humano as coisas não funcionam assim. Um dos efeitos do ato sexual não é a reprodução, mas a procriação. O que pode acontecer quando duas pessoas transam é o aparecimento de um novo ente dotado de liberdade e capaz de pronunciar o próprio nome.

Reafirmando, os cachorros são sempre muito semelhantes aos seus antecessores. Já os seres humanos, não. Cada um toca a transcendência a seu modo e representa um universo inteiro. Portanto, o ato sexual humano é diferente do animal porque uma das consequências possíveis é, justamente, a procriação.

Só pelo elemento procriativo já poderíamos distinguir o ato sexual das pessoas e dos bichos, excluindo a possibilidade de o primeiro ser apenas uma manifestação carnal. Acontece que ele também não é exclusivamente espiritual porque precisa de pessoas, de corpos, de genitálias. O ato sexual humano é isso. Sexo é carnal, precisa de corpo. Mas, no ser humano, o sexo não é zoológico, por assim dizer, porque conta com os elementos de união e procriação. Se já na largada isso é interrompido por anticoncepcionais e preservativos, não haverá ato sexual, mas outra coisa. Não é muito difícil perceber isso. Se você está com vontade de comer pão doce, mas só fica olhando os cardápios, isso não vai te alimentar. A sua fome vai continuar existindo. Não queremos parecer anacrônicos, mas o básico precisa ser dito.

Depois, dentro do relacionamento conjugal, existem alguns inimigos do sexo propriamente dito: falta de liberdade e visão diminuída da outra pessoa (o que mata a intimidade). Hoje em dia, o problema das pessoas quanto ao ato sexual se relaciona às posições ou quantidade de orgasmos por conta do referencial fictício chamado *pornografia*, que faz que ele precise de uma certa performance para que pareça saudável. O grande problema da pornografia é que as coisas são apresentadas de tal maneira que as pessoas acreditam que dá para fazer igual. Você não precisa ganhar uma medalha olímpica na cama, sexo não é isso. Não tem nenhum jurado avaliando a sua performance. A expectativa do sexo performático é uma loucura escravizante que faz com que todo mundo fique neuroticamente diminuído. Faça direito e se ajuste ao seu cônjuge que a coisa vai ficar boa. As brigas, dificuldades, divergências e grandes questões do sexo acontecem porque os casais não têm mais vivência e união fora da cama; mas, como não são bichos, é necessário que haja certa intimidade para que a relação aconteça satisfatoriamente. O sexo alimenta a intimidade e ao mesmo tempo depende dela.

Foi por causa da supervalorização do sexo que o homem e a mulher contemporâneos perderam sua dimensão e significado. O livro de José Noriega chamado *El destino del Eros* tem uma frase muito boa que diz que o sexo procura o prazer, mas pretende a felicidade. Tudo na vida do homem é assim. Se não existir uma pretensão às coisas do alto, não é humano. As pessoas que buscam o sexo pelas relações casuais recebem muito pouco e ainda ficam amarradas a pessoas com as quais não deveriam ter contato algum. A vida sexual é um domínio muito importante. Trata-se de um daqueles domínios em que é preciso fazer a coisa certa. Que isso esteja fora do horizonte de tantos casais é uma das grandes desgraças de nosso tempo para a vida de intimidade.

Plano de ação

Este é o espaço para você anotar e detalhar os planos de ação que lhe ocorreram durante a leitura deste capítulo. Lembre-se: você deve optar por ações concretas e simples, que possam ser realizadas e avaliadas a cada dia e nas circunstâncias de sua vida conjugal, que não é igual a nenhuma outra. Planos e resoluções abstratas e megalômanas podem até ficar bem no papel, mas são irrealizáveis na prática!

Como servirei ao meu esposo ou esposa à luz do que li nestas últimas páginas?

Capítulo 4

Espírito de serviço: esquecer-se

"Amar-se primeiro"? Esquecer-se primeiro!

Vamos ser honestos, nunca existiu tanta facilidade na vida doméstica. Existe máquina para lavar louça, máquina para lavar roupa. Existe fralda descartável, papinha industrializada. Se você tiver dúvida a respeito de como dobrar um lençol de elástico, pode buscar um vídeo na internet. Surgiu um desejo por pipoca de leite em pó? É só pedir pelo celular. Nunca tivemos tanto conforto, mas os casais estão cheios de crises, e isso nos mostra outro lado da moeda: nunca fomos tão egoístas. É esse egoísmo o principal vilão da vida doméstica, e não as dificuldades práticas. Não é complicado ter um bom relacionamento com seu cônjuge, e isso você pode atestar, desde que não fique com o olhar todo voltado para si mesmo. Uma vida a dois não está só ao alcance dos endinheirados ou de quem teve a melhor educação das últimas décadas. Você pode ter felicidade, não só no casamento, mas em qualquer convivência, se parar de ficar olhando apenas para as próprias necessidades, para si. Se pensa apenas em si mesmo, nas próprias satisfações, não haverá espaço para aqueles que ama.

"Será que sou inteligente? Será que minha aparência está boa? Será que meu cabelo está bonito? Por que será que meu marido não olha mais para mim?" Aqui vai um segredo: ele não olha mais para você porque você já está olhando para si o tempo inteiro. Isso também vale para os maridos egocêntricos. É claro que você tem de cuidar de si (ser forte, se maquiar, ser inteligente), mas sem ficar presa na autoimagem.

"Isso é muito esquisito, porque é contra tudo o que temos ouvido. A gente ouve que tem de se amar primeiro, para que o outro ame você depois." Beleza. Siga por esse caminho e veja o que acontece!

No geral, quando as pessoas falam isso, querem lhe empurrar certa filosofia e acabam por esvaziar sua vida de outra filosofia mais profunda, de algo que está atado à sua realidade e que lhe pode fazer bem. Sabe do que as pessoas que têm essa questão de "eu preciso me amar antes" estão falando? "Você tem de se valorizar e dar coisas para si." Aqui é que está o ponto central! Na prática, como você faz isso? O que é "se amar primeiro"? É dar para si tudo de que precisa? É fazer isso antes de se doar aos outros? Se for isso, você caiu numa cilada monstruosa. Você não entendeu que o prazer não pode ser a finalidade dos seus atos. O prazer não dá alegria para ninguém. "Como assim? É muito bom ter prazer." É bom mesmo? O que você realmente quer é o prazer? Precisamos fazer essa pergunta o tempo todo.

Ao vir com essa conversa de "se amar primeiro", você se assemelha a Rocky Valentine, personagem que aparece no episódio dramático "A Nice Place to Visit", da série americana fantástica *Além da imaginação* (*The Twilight Zone*), da década de 1960. Na trama, ele morre e, logo em seguida, aparece em outro lugar. Quando isso acontece, é acordado por um sujeito desconhecido. Quando esse sujeito o aborda, o seguinte diálogo se dá:

— Eu sei o que você deseja. Você quer dinheiro!
— Como você sabe o que eu quero?
— Meu senhor, estou aqui para lhe servir. Tome 700 dólares.
— Setecentos dólares, que maravilha! Eu quero mais!
— Eu estou aqui para lhe servir, senhor.

O sujeito leva Rocky Valentine até uma mansão em cuja fachada há seu nome escrito. Valentine, então, pergunta de modo agressivo:

— Quem é o dono desta casa? Você está me enrolando!
— O senhor é o dono dela. E eu sei o que o senhor deseja: um bom banho quente numa banheira.
— Eu quero isso mesmo.

Depois de se banhar, Valentine sai e o sujeito diz:

— Eu sei o que o senhor quer: uma boa roupa. Um terno xadrez e uma gravata colorida.
— Você está me enrolando. Quem é o dono desta casa?
— Calma, senhor! Estou aqui para lhe servir. O senhor quer um banquete!

Após saciar Valentine com aquela comida maravilhosa, o sujeito novamente estabelece um diálogo servil:

— Estou aqui para lhe servir. O senhor quer mulheres?
— Quero três mulheres! Quero jogo também!

Rocky Valentine começa a ganhar tudo no cassino. Aposta "13 no preto" e ganha tudo na roleta! Felicidade! Mas, num determinado momento, olha para o sujeito, diz que ele o está enganando de alguma forma e resolve atirar no homem. Só que o sujeito não morre. Então prossegue, falando para o homem:

— Se você não morre, estou no Céu! Que maravilha! Mais mulheres! Mais jogo!

Após tantas vitórias, no 15.º dia de cassino, ele começa a achar aquela situação sem graça. Aí, diz:

— Quero outro jogo! Bilhar!

Valentine dá uma tacada e todas as bolas caem dentro das caçapas. Quem não quer essa vida de prazer? *A nice place to visit*, um bom lugar para se visitar, era o que ele tinha ali. Mas ele começa a se enfadar dessa vida repleta de prazer. Afinal, não havia esforço ou desafio. Então, decide assaltar um banco. O sujeito que lhe servia pergunta:

— De qual carro o senhor precisa? Quantos capangas são necessários?

— Não é possível! Isso aqui não é pra mim!

Valentine mete a mão na porta, para sair. Então diz:

— Se o Céu é assim, eu não quero!

Mas a maçaneta estava travada. E o sujeito ressurge, dizendo:

— Quem disse que este lugar é o Céu?

Ora, é óbvio que, diante dessa história, fica claro que nada feliz pode vir de uma situação assim. Quando a pessoa olha para essa vida e diz "eu preciso me amar, tenho de ter prazeres, necessito cuidar de mim e me valorizar antes de tudo", sabe o que acontece? Ela está buscando um prazer superficial demais, que não a alimentará. Todo mundo sabe que o amor de si para si é igual a comer algodão-doce: não sustenta a barriga, dá um gostinho bom na hora, mas depois se desfaz em algo que não vira nada. Pode vir o guru, o psicólogo *pop star* que for dizendo que "você deve se amar, é isso o que importa", mas o amor de si para si não tem substância, não nutre. O que nutre é o nosso amor pelos outros.

Se você se ama primeiro, se você disputa o seu amor consigo, ninguém mais vai ter necessidade de o amar. Você não recebe mais amor nem atenção de ninguém. Veja bem: o seu amor, a sua autoestima, o seu "autoamor", como o pessoal gosta de chamar, não tem de ser dirigido a você. Não é assim que você se torna uma pessoa mais amável. Você se torna uma pessoa mais amável não quando se ama, mas quando ama mais os outros. Esse é o segredo para um bom casamento.

Comece a se amar e a pensar: "Agora eu me amo, só penso em mim." Pronto, acabou, ninguém mais precisa pensar em você. Não cabe outro olhar para dentro de si. É um fenômeno. Você pode acreditar no que quiser, mas infelizmente é assim que a coisa acontece. Nós não somos causa suficiente para o nosso amor. Se você está mortalmente interessado em si, em se amar, sabe o que acontece? Você tapa um buraco. Ninguém mais olha para você, ninguém mais ama você. Nem a esposa, nem o marido, simples assim. Você quer começar a ser uma mulher interessante, desejável, quer que o marido "esteja na sua"? Quer de fato que seu marido goste de estar com você? Seja amável, mostre-se interessada. Pare de pensar um pouco em si.

Se você quer que sua esposa, seu marido, se interesse por você, se interesse você antes pelo seu cônjuge. É isso o que você tem de fazer. "Mas me interessar pelo quê?" Por tudo, oras! Isso não é desleixo consigo mesmo. Você vai cuidar de si em uma medida normal, vai cuidar do seu corpo, da sua saúde, da sua alimentação, das coisas de que tem mesmo de cuidar, e pronto. Não se dê muito interesse. O problema surge quando você fica olhando só para si, pensando: "Mas será que sou interessante?

Agora tenho de olhar para mim, vou cuidar de mim."
É, vai nessa para ver onde você vai cair, Rocky Valentine! Vai cair em um casamento em que os dois compartilham a solidão comum.

Ame aos outros, aos demais, ame extrinsecamente, ame seu cônjuge, e aí você terá a atenção dele. Se seu casamento está uma porcaria e você fica dizendo: "Nossa, perdi a conexão com meu marido ou com a minha esposa, não temos mais conexão", você está nessa situação porque está olhando só para si, só para o seu prazer, só para os seus interesses! Para si e somente para si. "Mas ele não me ajuda a lavar a louça", "Ela não me ajuda a trocar a lâmpada", "Ele não me ajuda a cuidar de não sei o quê". Você está olhando só para você! Pronto, o outro não olha mais, não cabe o seu olhar e mais um. É claro que a desconexão vai vir, é claro que qualquer qualidade de relação fica uma porcaria. É sempre assim que acontece.

Você tem de cuidar de si, claro; isso não é uma apologia ao desleixo pessoal. Somos os primeiros a dizer que você tem de ficar forte, ficar bonito, cortar o cabelo, cuidar de si, vestir-se bem, buscar uma nutricionista, fazer exercício, cuidar da sua imagem. Tem de procurar essas coisas. Óbvio, quanto mais bonito você ficar, melhor; é um elemento a mais. O problema não é esse. O problema acontece quando você faz isso tudo de um modo absolutamente egoísta. Tem de buscar essas coisas sem dar importância para elas. Elas são absolutamente coexistentes, funcionam como uma base, não são um fim em si, mas um meio para que você possa operar. Esse é o truque da vida.

Esse assunto de que "eu amo meu marido, mas ele não olha pra mim, não corresponde ao olhar apaixonado que eu tenho" é tudo uma bobeira. Ele não corresponde porque você não é uma pessoa interessante, e não é interessante porque não é interessada. Não tem mistério. Quer que ele se interesse por você? Seja interessada, caramba: interessada nele, nos outros, no mundo exterior. Esqueça um pouco suas próprias coisas.

Quer receita para ser uma pessoa totalmente desinteressante e esfriar o relacionamento? Fale só de si e só das coisas que estão diante de seus olhos. Seja uma mulher ou um homem que chega em casa e só sabe falar de si ou de coisas idiotas, de coisas que estão acontecendo ali fora. "O que está acontecendo hoje? Hoje está chovendo, e o elevador está quebrado." Isso torna você uma pessoa chata. É isso o que fará com que você não consiga ter intimidade no casamento. É isso o que fará com que você não tenha um projeto de vida no seu casamento e, por fim, não tenha um casamento de fato.

Se você só está mortalmente interessado em si, só nas suas coisas, beleza, tudo bem, mas para que você quer o amor de mais alguém? Você já não tem seu amor desmedido aí? Assim seu casamento será aquela relaçãozinha ruim da qual você toda hora reclama, aquela coisa que não anda muito, não decola e deixa você sempre jogando uma asinha para um vizinho, para uma colega de trabalho, flertando "sem maldade". É claro, você está olhando só para si, então o outro não consegue olhar para você, amar você direito. Aí você se sente vazio, pois o amor-próprio, de si para si, é algodão-doce, dá um gostinho na boca, mas não nutre e não sustenta. Acaba que você terá de buscar alimento em outras freguesias, mas nunca estará com a barriga saciada, com o coração saciado. Ficará borboleteando por aí (o que vai matar seu casamento!), quando tudo o que quer é solidez e consistência na vida.

A dinâmica do amor é dilatar-se

Para que haja relacionamento amoroso, você tem de transbordar, tem de se doar. Quem é feliz na doação consegue ser feliz no muito e no pouco. A quem só quer receber, nem o muito basta. Você pode ter felicidade, não só no casamento, mas em qualquer convivência, se aprender a servir.

O amor não é como um bem material, que diminui ao ser compartilhado. Ao contrário, ele se multiplica. Nosso coração se dilata, ou seja, nós conseguimos aumentar a nossa capacidade de amar. Esse é um fenômeno que todo mundo conhece. Um pai que tenha um filho, depois outro e depois outro não divide o amor: o amor aumenta. Quando entra um filhinho, você começa a amar aquele bebezinho. Depois entra outro filhinho e, curiosamente, você consegue amar mais os dois: o amor não se divide, não é como um prato de bife. Se você tem um prato com um bife gostoso, com alho e um ovo estrelado em cima, e se quer dividir esse prato com alguém, você vai comer meio bife, não dois. As coisas materiais gostosas são divisíveis, nós a dividimos, são finitas. Se você quer compartilhar aquele pote de doce de leite com café que recebeu em Belo Horizonte com a sua irmã e se cada um der uma colherada, é claro que você só vai comer meio pote de doce de leite e ficará sem a outra metade.

Com o amor não é assim. Quando entregamos o nosso amor, acontece um fenômeno misterioso: ele se multiplica. Quando recebemos o primeiro filho na família, começamos a amar. Quando recebemos o segundo, não amamos pela metade, amamos em dobro. É algo muito curioso que acontece, curiosíssimo, e maravilhoso também. Essa é a estrutura da vida.

Pense na última vez em que você deitou a cabeça no travesseiro e disse: "Hoje o dia foi fantástico!" Você estava servindo só a você nesse dia ou servindo a alguém? Quando você serve aos outros, quando tem um olhar atento de amor para os outros, é aí que a coisa funciona. Vamos olhar para o marido, para a esposa, vamos verter o nosso amor ao outro. Só aí recebemos o fluxo do amor, e a vida fica boa.

Há um tempo, Italo recebeu a seguinte pergunta de uma seguidora do Instagram: "Dr. Italo, se servir é tão satisfatório assim, por que não conseguimos? Por que é difícil servir?" Veja, uma pessoa que, quando está servindo, quer encontrar esse tipo de satisfação ainda não está servindo. Ela ainda está servindo a si, às suas satisfações. Trata-se do inverso do serviço. "Se servir é tão satisfatório, por que é tão difícil?" Ora, é difícil porque você não está servindo e está procurando seu próprio descanso, certa satisfaçãozinha interior que lhe diz assim, quando você "serve": "Olha como sou boa, como sou uma pessoa maravilhosa, eu sirvo, eu tenho uma satisfação, eu sirvo." Pare com isso! Você está olhando para si. Não vai ter efeito, não vai adiantar. Não vai ser útil nem para você nem para quem você acha que está servindo.

O serviço é algo extrínseco, é algo que você faz para o outro, vendo o bem dele ou dela, esquecendo um pouco seu umbigo, suas satisfações. Dá para fazer isso, não é impossível. É uma das coisas que, quando uma pessoa faz, deixa-a forte, e ela não consegue mais parar de fazer. Ela passa a entender que essa é a trama mesma da sua vida, que é para isso que ela veio ao mundo. E começa até a tocar naquilo que tanto gosta de falar, naquilo que se chama "sentido da vida", "propósito". Quando faz isso, você começa a tocar na trama da vida e a coisa começa a ficar excelente para você. Seu casamento fica mais feliz.

Até então tudo é um peso, porque tudo diz respeito a você, tudo é sobre você. A vida fica um inferno, nada vai progredir, não dá. Você terá uma vida triste, pesada, de quedas constantes. Isso é óbvio. E isso se corrige tendo uma vida de compromisso. Uma vida em que você precisa acordar, ser útil e estar ali, de modo que, se você não estiver presente na vida, alguém será defraudado. Seu cônjuge dará por sua falta. Fazendo falta para alguém: é assim que se corrige a vida infernal de olhar o próprio umbigo. Não há outro jeito de corrigir preguiça, avareza, soberba. Você mata esses vetores negativos jogando uma biografia, uma história de vida que faça sentido para cima, e você só consegue fazer isso assumindo compromissos, comprometendo-se com o outro, comprometendo-se a acordar, a entregar. E o maior dos compromissos nessa vida é o casamento.

"Eu preciso acordar, levantar, ser contado entre os soldados que vão batalhar neste dia. Se não, vou enfraquecer o *front* de batalha, a corrente. Não posso ser o elo mais fraco da corrente." E você não será o elo fraco do seu casamento estando presente, acordando. É assim que você faz, convocando toda a energia do seu coração, toda a história da sua vida, para que você entregue isso para o marido, para a esposa, para que ele ou ela possa sorrir por causa da sua presença. Alguém que estava triste vai se alegrar; seu cônjuge, que tinha fome, vai saciá-la com a sua presença. É assim que acontece.

Experimente, por um único dia na sua vida, servir mesmo aos demais e não olhar para si um único minuto. Uma vez, Italo conversava com a irmã, Mila Marsili, a respeito das pessoas que dizem: "Agora vou ser bom, vou servir um cafezinho para o meu amigo de trabalho. Agora entendi que é importante servir, então vou pegar um cafezinho lá fora e vou dar para a pessoa que trabalha comigo." Aí a pessoa dá um cafezinho esperando algo em troca. Que loucura! Você está esperando o que em troca da mixaria de um cafezinho? A pessoa não precisa do cafezinho! Você quer o que em troca? Ela não vai te dar nada em troca, porque isso não é minimamente digno de ser objeto de troca! Quando dá um cafezinho para alguém e espera algo em troca, você age como um idiota! O outro não precisa te dar nada, porque um cafezinho não é nada! Mas, ao mesmo tempo que não é nada, é tudo, porque você começa a servir. É a mesma coisa que você estar lá na sua repartição pública, carimbar o documento que precisa carimbar e dizer: "Nossa, mas que pessoa mal-educada, nem me agradeceu." Agradecer o quê? É seu trabalho! Você quer o que em troca?

É também a situação do pai ou da mãe que diz: "Nossa, eduquei tão bem meus filhos, dei tudo para eles, dei escola, comida, roupa lavada, e agora eles nem me amam." Caramba, você quer o que em troca? Era a sua obrigação! É ruim para seu filho não amar você, mas, do seu lado, você não perde nada! Era o que você tinha de ter feito. Tinha de ter amado aquela criatura incondicionalmente, tinha de ter dado dinheiro incondicionalmente, tinha de ter realmente pagado a escola dela! Você quer receber o que em troca? Não há troca. Há coisas que são de mão única. Aprenda isso na vida. A maior parte das coisas que importam é via de mão única, não de mão dupla. Aprenda isso e pare com essa expectativa maluca de que tudo tem de ter uma troca. Não tem. Aprenda isso que a coisa ficará uma beleza, a vida ficará uma maravilha. Você começa a ter um coração expandido, a amar mais, e próprio o casamento fica uma beleza.

Certa vez, recebemos de uma seguidora a seguinte mensagem: "Estou prestes a me casar, qual conselho o senhor pode me dar?" Ela queria um conselho porque nosso casamento é sólido há 13 anos e envolve sete filhos. Pensamos e respondemos: "Vão lhe dizer o contrário do que diremos: a felicidade dele, a partir de então, será responsabilidade sua." Não tem esse papo de "os problemas dele são dele". Isso funciona para aulinha vagabunda de *coach* ou para coleguinha de trabalho, mas, quando sua mulher surta, o problema é seu. Se há algo que deixa o seu cônjuge triste, ou algo que tira a esperança e o amor da pessoa, ou que faz com que ela não queira acordar, tais problemas são seus. É para isso que você se casa, para servir e tomar as dores do outro para si. Se não for assim, não se case. Os casamentos terminam porque não se casa mais pensando nisso; casa-se porque é gostoso tomar uma e fazer sexo, ou porque é gostoso apresentar o cônjuge para a família. Quando se casa, a responsabilidade da felicidade do outro é sua, e esse será seu serviço diário.

Poderíamos até complementar a resposta: "Vão lhe dizer o contrário do que diremos, mas a felicidade dele (felicidade no sentido amplo: o caminho dele para o céu), toda a felicidade dele, a partir do casamento, é responsabilidade sua. Lembre-se disso com amor, não com tristeza, não como um peso, e aja em consequência disso. Se você não quiser fazer o que estamos sugerindo, então não se case." Quando você se casa, recebe uma graça santificante de Deus e, se consegue carregar 30 quilos, passa a poder carregar uma pessoa de 100 quilos — e o faz porque tem graça de estado para isso. Você só não o faz se não estiver em comunhão com Deus, ou seja, se você não quer fazer.

A maior parte das crises conjugais acontece porque você está procurando a si mesmo: "ela não me entende", "ele não se importa comigo", "ela fica mais bonita assim", "ela não transa comigo três vezes por dia", "o fulano já não me compra presente". Isso tudo pode ser verdade, e não negamos que incomode. Mas a vida é um pouco incômoda mesmo. As coisas todas são meio confusas. A vida é assim: toda hora uma dor de cabeça, uma dor de barriga, uma cólica. E daí? Você está olhando para o lado errado. O negócio é o seguinte: tem uma mulher, tem um homem aqui na minha vida, para quem eu dei um sim; e se foi com maior ou menor consciência não importa, o que importa é que eu disse "sim" e vou ficar com ele, com ela, por muito tempo, até que a morte nos separe.

O coração é uma vela que se consome e ilumina

O medo de se desgastar, de ser como uma vela, que se derrete para iluminar o outro, arruína os casamentos ainda que se tenha todo o conforto do mundo. A vela é um símbolo de como deve ser a vida humana. Uma vela só chega à plenitude para a qual foi feita se for acesa e queimar para iluminar e aquecer. A vela se gasta e ilumina. O coração do homem é exatamente isto: uma vela que deveria se consumir para iluminar o caminho dos outros e aquecer o que está frio na alma alheia. É por esse motivo que a alegria verdadeira do ser humano tem raízes em forma de cruz. Consumimo-nos (eixo horizontal) e transcendemo-nos (eixo vertical) simultaneamente.

Um sujeito que sempre se guarda, como uma vela que nunca é acesa e fica guardada no canto da gaveta, tem crise existencial, de identidade, e não sabe se serve para alguma coisa de verdade, ou para que veio ao mundo. Apesar de uma vela que se consome aparentar dor, sofrimento, porque está desaparecendo, é precisamente assim que ela aparece e chega à plenitude para a qual foi feita. Esse é o sofrimento próprio e inevitável da vela. O psiquiatra Viktor Frankl disse: "O sentido da vida é aceitar o sofrimento inevitável dessa mesma vida." Quando uma vela chega ao sentido da vida? Quando é acesa e colocada no altar para iluminar as oferendas, o sacrifício, ou para iluminar a noite de uma família que estava sem luz. Qual é o sofrimento inevitável dessa vela, mas que é o seu sentido próprio? Consumir-se, sumir. Servir até desaparecer.

Numa *live* com o escritor Alexandre Nolleto, ouvimos o drama da vida dele com a esposa, na época gravemente doente. Eles sofriam, havia um elemento de tristeza ali, mas enfrentavam aquilo juntos com alegria e dedicação. Hoje em dia tudo é motivo para um sofrimento absurdo! Há um meme que circulou nas redes sociais durante o período de confinamento na pandemia que chamou bastante a atenção. Ele dizia assim: "Aos nossos avós foi pedido que se levantassem do sofá e fossem à guerra. À nossa geração só é pedido que fiquemos sentados no sofá." Excetuando-se os profissionais da saúde, policiais, enfim, profissionais essenciais para a manutenção e funcionamento básico da sociedade, todo o resto estava em casa sentado no sofá. E queriam fazer drama? Pense na vida de seus bisavós: foram para a guerra, tomaram tiro, foram degolados, tiveram as vísceras arrancadas para fora, passaram dias acordados marchando debaixo de sol, chuva e frio, com bolhas no pé e lesões por todo o corpo; e a nós, o que foi pedido? Olhemos para essa comparação com sentimento de vergonha!

    Ainda durante a pandemia, uma pessoa escreveu ao Italo dizendo que estava muito triste, chorando o tempo todo. Ela quis saber se a causa era o confinamento exigido pelo coronavírus. Ora, o coronavírus nada tinha a ver com aquilo, muito embora consistisse num momento delicado para muitos. Aquela tristeza, choro, insegurança e ansiedade era da vida anterior à pandemia. Ninguém contava com aquela pessoa para sair iluminado, aquecido de uma jornada. As pessoas que iluminam e aquecem passam por um momento de crise iluminando e aquecendo ainda mais, com mais sentido na vida, menos medo de existir, menos questões existenciais. Como quem diz: "Eis a hora de fazer algo! É aqui que eu valho! Vou iluminar e aquecer mais ainda." Esse é um ponto de inflexão na vida que instala você na existência: a sua vida é realmente útil? O seu cônjuge conta com você? Você tem iluminado seu casamento?

    Ao aceitarmos o sofrimento inevitável da vida (que aparece quando paramos de olhar para nosso próprio umbigo e nos consumimos pelos outros), o centro da nossa vida aparece. Eis o paradoxo da existência humana.

Sangramos e morremos para ressuscitar, dar esperança e iluminar. Somos convocados a esse paradoxo em mil momentos dentro do casamento: todas as vezes em que somos contrariados porque fomos convocados a sair do nosso lugar e prestar atenção no marido, na esposa, e não podemos fazer nossas coisinhas, ter nossa calminha, bem-estar, sentar na poltrona, tomar nosso banho quente. Esse é o tal do sofrimento inevitável da vida de que nos fala Frankl, o consumir-se para iluminar. Ou você pode, óbvio, se guardar e não fazer nada disso, renunciando a um casamento feliz.

Não espere os momentos heroicos para acender e iluminar, mas procure, quase com obsessão, por aqueles momentos paradoxais da vida a dois: quando um suco cai no carpete, quando alguém o chama e você está em um banho quentinho, ou quando pedem para você levantar e pegar algo na geladeira, quando passamos pelo corredor do apartamento, vemos um papelzinho no chão e nossa tentação é de não nos abaixar para pegá-lo (se você não pegá-lo, será outro que vai fazê-lo, de todo modo). O paradoxo cotidiano do casamento, aparentemente "intranscendente", é o que acende as velas do nosso coração e nos faz encontrar o sentido da vida. É isso que lhe proporciona, no final do dia, a sensação de ter sido gente, porque apareceu a luz no seu peito, você foi a luz para as pessoas, *lumen gentium*.

O serviço, dentro do casamento, é feito de pequenas coisas concretas. Antecipar-se às necessidades do cônjuge é grande parte do trabalho. Não espere sua esposa pedir que a ajude com a louça se você está vendo que a pia está cheia! Mais do que isso: é muito mais meritório, mais amoroso, servir sem ser visto (diferente daquela história do colega que serve um café e espera elogios). Se você é capaz de nem ao menos deixar que o cônjuge saiba que recebe uma ajuda, que guardou os copos, resolveu uma pendência, deu atenção para o filho antes que a demanda chegasse na sua esposa, no seu marido; se consegue agir assim, você está amando sem buscar nada em troca, amando como um ser humano livre, e esse é o autêntico serviço.

Já mencionamos o hábito de acordar, beijar o chão e dizer *serviam*, isto é, "eu servirei". Ter essa disposição desde o início do dia é um passo fundamental. Mas, mais do que isso, é preciso que o serviço seja feito com alegria. Algo que já mencionamos aqui: precisamos sorrir. Não basta servir, não bastar servir "em segredo", sem buscar aplausos; é preciso servir com alegria, sorrindo sempre e sem reclamar. Esse programa simples, mas nada fácil, já é o bastante para manter uma luta contínua por um casamento iluminado.

Portanto, até que a morte nos separe, devemos de fato nos dedicar. Vamos expandir nosso coração, nos desgastar e arder em amor pelo cônjuge, como a vela que se consome. O foco da nossa existência vai ser melhorar a vida dele, a vida dela. Essa é a base de um casamento, ser vela e arder. Você tem de levar isso a sério, com energia, sem ficar olhando para o próprio umbigo toda hora. É muito difícil não olhar nunca para si mesmo, mas isso não pode nem acontecer na maior parte das vezes, nem durar muito tempo. A maior parte do tempo você tem de estar olhando para ela ou para ele, para o que está faltando para o outro ser feliz, para o outro conseguir aquela coisa no trabalho, para melhorar o relacionamento com a família, para a saúde, e então um vai iluminar o outro, cada qual a seu modo. Agora, se você não olha para a sua esposa e não conhece quais são as dores de cabeça cotidianas dela, quais são os desafios espirituais ou físicos dela, onde ela precisa de ajuda; se você se recusa a arder, desgastar-se para ser luz na vida do cônjuge em todas essas situações, então ainda não está casado. Você está brincando de estar casado e ainda é um paxá que quer todo mundo lhe servindo o tempo todo. É uma vela colocada dentro do armário e esquecida.

Plano de ação

Este é o espaço para você anotar e detalhar os planos de ação que lhe ocorreram durante a leitura deste capítulo. Lembre-se: você deve optar por ações concretas e simples, que possam ser realizadas e avaliadas a cada dia e nas circunstâncias de sua vida conjugal, que não é igual a nenhuma outra. Planos e resoluções abstratas e megalômanas podem até ficar bem no papel, mas são irrealizáveis na prática!

Como servirei ao meu esposo ou esposa à luz do que li nestas últimas páginas?

_____
_____
_____
_____
_____
_____
_____
_____
_____
_____
_____
_____
_____
_____
_____
_____

Capítulo 5
Diálogo e silêncio

O conteúdo e a forma: não basta ter razão

A comunicação é sem dúvida um dos pilares do casamento, e nos referimos principalmente à conversa. A fala é uma capacidade humana. Todos aprendemos a falar quando ainda somos pequenos e não esquecemos mais. No entanto, percebemos que não nos ensinaram as virtudes da comunicação, suas capacidades ou as anomalias mais comuns. Muitas vezes estamos nos relacionando com nosso cônjuge de modo muito ruim, muito rudimentar, quando é sabido que a fala humana tem capacidades incríveis. Podemos usá-la como uma ferramenta extraordinária de conexão, de empatia, de transformação, de impacto, de serviço; mas, no geral, não aprendemos a fazer isso com nossa conversa.

Quem, como nós, já atendeu pacientes (ou outros casais), sabe que há gente com uma habilidade afetiva muito grande: sente muito, tem muitas sensações. No entanto, a maior parte das pessoas não sabe dar nome às sensações, não conhece o nome dos movimentos interiores. Elas não sabem dar nome aos seus afetos e acabam reagindo mal, sofrendo e não conseguindo comunicar toda a maravilha de sua interioridade.

Assim como os afetos precisam ser educados, a linguagem precisa ser conhecida e dominada. Precisamos saber onde a linguagem está nos traindo e onde mais pode nos trair. É bom também conhecer os movimentos da linguagem e ficar atento à comunicação que se estabelece na vida do casal. Sem esse domínio, provavelmente as nossas conversas têm uma qualidade baixa: não conseguimos comunicar o que está no nosso interior, e aí começam os problemas, as complicações, as brigas e os desentendimentos que poderíamos evitar.

Veja, não temos a expectativa e o fetiche que alguns terapeutas têm de que a conversa resolva tudo. A conversa é um dos elementos importantes no relacionamento, sem dúvidas, mas existem questões no relacionamento entre marido e mulher que não vão ser resolvidas por meio de conversa. Por quê? Por vários motivos: porque não sabemos conversar, porque a outra pessoa não quer ouvir, entre outros. E há outras maneiras de acessar a intimidade, de acessar o interior e fazer o outro nos compreender sem que seja pela conversa.

Claro, a conversa é um elemento muito importante do nosso dia a dia, bem como em toda a nossa vida e na vida do casal; o modo como conversamos, a qualidade da conversa, tudo isso importa. Se não sabemos conversar, não adianta termos razão, por exemplo. Explicamos. Às vezes, dependendo da conversa, sabemos que temos razão, não é verdade? Muitas vezes erramos, claro, e, se pararmos meio segundo para pensar, em geral sabemos quando estamos certos e quando estamos errados. Tudo bem, existem momentos de dúvida, mas normalmente não é assim. Em geral, quando conversamos com uma pessoa, já pensamos um pouco sobre o assunto, já meditamos a respeito e percebemos nossa razão. Imagine uma discussão financeira, por exemplo: no casal, um é o gastador e o outro economiza. Vocês estão em momento de crise, de recessão. Ora, o poupador vai conversar com o gastador, e é lógico que o poupador está certo. O gastador vai dar mil motivos pelos quais precisou gastar dinheiro, mas ele está errado. Vocês estão em período de recessão, estão devendo dinheiro ao banco, então não poderiam estar gastando aquele valor.

Só que o ser humano é feito para vencer o debate. Ele não foi desenhado para perder, mas para argumentar e vencer. Eis por que o gastador da história vai se imbuir de uma série de argumentos para tentar convencer o outro do contrário. No entanto, queremos nos dirigir à parte da discussão que detém a razão. Precisamos enfiar na nossa cabeça: sempre podemos vencer uma discussão, sobretudo quando estamos certos, se tivermos paciência, se conseguirmos pensar o seguinte: "Não preciso vencer essa conversa hoje, não preciso convencer hoje essa criatura que eu amo. Posso convencê-la depois de amanhã." Isso muda a nossa cabeça e vai mudar a nossa relação. Queremos que você tenha isso no seu coração, sobretudo quando você está certo.

Quando entramos em uma conversa com nosso cônjuge e estamos certos, mais do que nunca temos de pensar o seguinte: "Ele não precisa se convencer disso, não precisa ver isso, não precisa entender isso agora, durante a conversa. Ele pode ver, pode se convencer, pode entender isso daqui a dois dias." Então isso gera em nós uma calma e nos instala na nossa razão. Ficamos montados, definitivamente, na razão. Porque muitas vezes temos razão, mas a razão não está selada. Nós não selamos esse cavalo e não conseguimos montar, e assim não conseguimos fazer com que a nossa razão nos leve ao nosso destino. Quando temos razão, precisamos de calma para poder montar na razão e para que a razão possa nos conduzir e conduzir o outro até o destino mais eficiente, o destino verdadeiro da coisa.

Trata-se de um detalhe, mas, quando nós pegamos esse detalhe e o entendemos, mudamos nosso casamento. Se você tem razão ("Eu sou o poupador, e estamos em período recessivo, não podemos gastar isso. Óbvio que precisamos economizar"), comece a conversa, e a pessoa vai se defender, vai se armar. Calma. Não é necessário convencê-la nesse momento, ela pode ser convencida daqui a dois dias. Em uma conversa posterior, com calma, ela verá a coisa por outro ângulo e mudará de opinião.

Além de saber manejar bem a linguagem, você não mantém um relacionamento com alguém se não tiver o que dizer. Para isso, os seus interesses têm de ser amplos. Isso não significa ser intelectual, saber expor a epistemologia kantiana. Não é a isso que nos referimos. O repertório para relacionamento é mais popular, compõe-se, por exemplo, de filmes e séries aos quais você assistiu. Entre o seu sorriso de dentes brancos e alinhados e o sorriso das outras pessoas não há tanta diferença assim capaz de fazer um relacionamento ser duradouro; o que faz diferença, o que gera o vínculo de verdade, é o repertório que você tem.

Também não adianta ter um repertório composto apenas por coisas do seu gosto particular e forçar os outros a ouvirem o que você diz. Também é preciso se inteirar do gosto popular e instrumentalizá-lo para manter o diálogo e o interesse. Essa é a arte chamada *small talk*, que já mencionamos, e que não tem nada a ver com falar sobre o clima e o preço da gasolina. É uma capacidade que torna gostosa a convivência verbal dentro do casamento. Um dos caminhos para você conseguir dominar essa arte é adquirindo um repertório, não adianta querer pular etapas. Mesmo a melhora da aparência está subordinada a essa capacidade de manter um diálogo agradável.

Geralmente, num primeiro contato, as pessoas sérias querem oferecer os grandes pensamentos, os valores e os princípios. Pode parecer esquisito ler isso, mas nenhuma dessas coisas funciona. Italo foi perito do Tribunal Eclesiástico durante algum tempo, e ouviu alguns pedidos de nulidade matrimonial. Em muitos casos, o casal se conheceu no grupo jovem, viveu a castidade direitinho, mas o casamento não deu certo porque o contato deles era sustentado por projeção de princípios: "Acreditamos nas mesmas coisas, queremos o céu, ser santos." Isso é bom para a amizade, mas no casamento o convívio é mais intenso e não é possível você compartilhar princípios e valores todos os dias com seu parceiro. Essas coisas fazemos de vez em quando.

Princípios e valores são como faróis, são como as estrelas, que nos orientam de algum modo, mas ninguém vive nas estrelas. Para um relacionamento dar certo, é necessário o cultivo dessa coisa intermediária, essa arte da conversa cotidiana, que inclui o repertório. Imagine alguém que chegue em casa depois de doze horas de trabalho, e sua mulher o recebe palestrando sobre o corpo glorioso na ressurreição. Por mais que ele goste desses assuntos, não vai dar certo; por mais que ele precise saber que ela tem valores e princípios que, não sendo idênticos aos dele de todo, pelo menos apontam na mesma direção. Ninguém aguenta falar disso todos os dias; seria como se você estivesse sempre numa reunião de igreja ou numa roda filosófica. Não dá!

Sobre o que um casal normal que se ama e está há vinte anos juntos conversa entre si? Um livro que lemos, uma série a que assistimos, algo que aconteceu com um parente. Esse é o repertório que devemos ter. Às vezes acontece que, depois de algumas gestações, os casamentos se afundam, e não é porque o casal parou de ter vida conjugal ou porque não há mais tempo para os dois, mas porque o único assunto em comum são as fraldas sujas. Ninguém aguenta isso. Tanto o homem quanto a mulher precisam ter essa capacidade de distender os assuntos.

Se, depois de passar o dia fora, o marido chegasse em casa e só falasse do seu trabalho com a esposa, logo ela iria querer conversar com o vizinho, e vice-versa. Num relacionamento, é preciso repertório e senso de humor. Há pessoas religiosas que acham que no casamento só vão conversar sobre os valores em comum com o cônjuge, a Trindade, o apostolado, a Bíblia; mas, acredite, uma coisa é um assunto interessante, outra coisa é uma vida interessante. Princípios e valores não mantêm um casamento. No máximo, servem para você descartar alguns pretendentes no namoro, mas não é porque encontrou alguém com os mesmos valores que vocês dois vão passar o resto da vida falando sobre isso. Conversar sobre filmes, imaginar uma viagem juntos, mesmo que ela não aconteça, sempre com senso de humor: essa é a trama do relacionamento amoroso. A médio e longo prazo, nem o sexo, nem os valores em comum têm poder vinculante. A solução está no meio do caminho.

Saiba interromper (e ser interrompido)

Há um tipo de fetiche bastante comum em relação à conversa. Imagine dois ou três amigos que saem para almoçar, por exemplo. Nós mesmos, outro dia, combinamos com três médicos amigos nossos e fomos almoçar no restaurante aqui do lado e começamos a conversar, tranquilamente. Um desses colegas está querendo abrir uma clínica, e outro tem um pouco de medo de empreender, porque no Brasil é muito ruim abrir uma empresa; há muitas taxas, impostos, investimentos altos, sem contar toda a questão trabalhista. E então começa aquela conversação. Se alguém observasse essa conversa amistosa de fora, não ficaria surpreso ao notar que conversamos de modo truncado: um fala, o outro completa e aí faz uma piada; depois já retorna a prosa. E ninguém estranharia que fosse assim, pois as conversações amistosas, em geral, são dessa maneira mesmo: são conversas que acontecem uma por cima da outra. Enquanto um está falando, o outro ouve e já completa. Ele pergunta, interpela, fala por cima muitas vezes, e não há problema que seja assim. Isso é o natural de uma conversa humana.

Uma conversa humana normal, natural, não pede momentos de silêncio, como se fosse uma palestra. Então, aquelas frases que escutamos muito, sobretudo quando as pessoas dizem "você falou e eu não o interrompi, agora fique quieto, em silêncio, que eu vou falar o que tenho para falar", em geral escutamos em momentos tensos, em conversas tensas, brigas, em que as pessoas envolvidas estão afetando certo tipo de cavalheirismo, certo tipo de amizade, e mascarando problemas da relação.

Vemos muito isso em consultório e em alguns outros ambientes. Imagine só que estão duas pessoas conversando e elas não estão muito bem, estão com os ânimos um pouco exaltados e, para fingir que são educadas, cordiais, que têm senso de civilidade, exigem silêncio enquanto estão falando. O outro tem de ficar quieto, ouvindo, até terminar a palestra. Quando ele ou ela termina, o outro pode falar, colocar seus argumentos na mesa.

Esse tipo de conversa entrou em moda um pouco por causa do cinema, muito por causa de terapia, e muito por causa de técnicas de evitar conflitos na fala (as quais nos soam absolutamente artificiais, não as suportamos). Mas acreditamos que a conversação humana deve ser o mais espontânea possível, especialmente dentro do casamento, no qual tem a função de fazer os dois se interpenetrarem, se conhecerem, e a intimidade aparecer.

Esse tipo de fala em que um expõe linearmente o seu pensamento e o outro fica quieto ouvindo, depois este expõe linearmente e aquele não pode interromper, só funciona para situações funcionais, de trabalho, seja uma exposição na sua empresa, seja em uma venda em que o outro vai comprar a sua ideia. Para as situações normais do dia a dia, temos de acabar com esse tipo de fetiche. Já ouvimos pessoas dizendo: "Mas eu estou falando e o outro me interrompe sempre." Ora, isso faz parte da conversa humana. A conversa humana é feita desses entrecortes. Não deve, absolutamente, ser linear: Italo expõe tudo e Samia fica ouvindo, impassível, e vice-versa. Isso não é conversa humana, é um fetiche do mundo da empresa, do mundo da autoajuda, um fetiche de algumas terapias. Isso não funciona, só serve para distanciar os outros.

A verdade é que precisamos aprender, de algum modo, a aguentar as interferências externas, principalmente dentro do casamento. Isso é bom para o diálogo do casal. "Enquanto um burro fala, o outro abaixa a orelha" só funciona para bronca ou quando estamos em uma conversa dentro do trabalho. Em conversas do dia a dia em casal, temos de gostar de ser interrompidos. Enquanto falamos, o outro está alimentando as nossas ideias. E precisamos, de algum modo, ser capazes de ficar calmos nesse contexto. Esse é o contexto da conversa humana; é o contexto das interferências saudáveis, positivas.

Lógico que aqui estamos falando de duas pessoas que estão com boa disposição, que estão com boa intenção na conversa. É essa a disposição de que precisamos dentro do casamento. "E quando o outro interrompe demais? E quando a outra pessoa não consegue se aquietar para ouvir de jeito nenhum?" Aí é outra história, é um problema. A pessoa está com outro problema da comunicação humana. Aqui estamos falando de um dos polos de anomalia da comunicação, que é o polo em que tratamos o outro como se estivéssemos em uma palestra; o outro tem de ficar quieto. Isso também não é desejável. Se estivermos em um desses polos, precisamos examinar. "Como estou falando? Será que tenho essa expectativa?" É chatíssimo quando as pessoas não admitem uma interrupção, deixam o casamento pesado. Pode ser que você seja assim, pode ser que seu cônjuge seja assim. Portanto, temos de nos examinar. O outro tem o direito de interromper, por vários motivos: porque a fala está chata mesmo, porque a pessoa não concorda, porque a conversa está saindo do assunto etc. Então o outro está simplesmente adaptando, corrigindo o rumo da conversa. Precisamos estar abertos a esse tipo de interrupção, que é saudável, normal.

Não nos escandalizemos quando o cônjuge nos interrompe. É o normal. E nós também precisamos interromper. Muitas vezes, deixamos o papo correr solto. A pessoa está ali falando, falando, falando, e não interrompemos, e a conversa já foi para um lugar sem nada a ver com o início. Por quê? Porque nos omitimos. Se somos desse tipo, simplesmente façamos um esforço para interagir no meio da conversa com a outra pessoa. Podemos ser esse tipo de pessoa com jeito mais calado, mais compreensivo, por assim dizer; ou o assunto pode ser desinteressante; ou podemos estar cansados; ou podemos estar com medo de a outra pessoa "explodir", o que é um péssimo sinal do estado do relacionamento.

E aqui já vem o seguinte: se nosso cônjuge não interfere muito, não interrompe muito a nossa conversação, pode ser que nós sejamos muito explosivos, e isso não é bom. A outra pessoa pode nos amar, pode nos adorar, pode gostar de conviver, pode precisar de nós, mas não estamos dando espaço para ela se expressar, porque podemos ser o explosivo da história.

Ora, às vezes nos achamos demais. Nós estamos fazendo uma exposição perfeita sobre o preço da batata na feira, e o outro não pode falar nada. Como não? Conversar sobre isso é um saco mesmo. Não precisamos concluir tudo, arrematar tudo para que o outro se manifeste.

Isso é bobagem, sobretudo porque há outra coisa que acontece também: poucas pessoas têm habilidade de concluir com precisão uma fala, já reparou? Nós estamos no meio de uma conversa, e a pessoa já terminou o que ela tinha para dizer, mas não sabe, porque o outro não teve a reação esperada, ou porque ela não sabe se estava na hora de terminar mesmo. Então, às vezes, a pessoa começa a repetir o que estava falando.

Não somos donos da verdade, por mais que sejamos mesmo. Imagine: você estudou sobre um assunto, tem conhecimento sobre ele, prestou atenção nele, esse assunto é o assunto da sua vida. Você está ali dissertando, mas pode ser que seu marido ou sua esposa não esteja nem aí. Ela não quer ouvir, ele não quer saber o que você tem para dizer, simplesmente não tem interesse. Quer falar de outra coisa. E existem coisas mais relevantes para a interação do casal. Então você precisa ter um pouco de humildade. Temos de ser um pouco mais humildes. Os outros não são obrigados a ouvir as nossas baboseiras ou a quintessência dos nossos pensamentos.

Não se ofenda com isso. Muitas vezes o cônjuge está ali, mas a cabeça dele está em outro lugar. Ele não quer que você ensine. Seu marido está ali querendo expor uma coisa que o está incomodando; está querendo expor um desconforto, uma dificuldade. E essas interrupções são fundamentais para isso: para que possamos ir parametrizando, ajustando o destino da nossa fala, da nossa conversa.

É uma soberba tremenda termos na cabeça a ideia de que sabemos exatamente qual o melhor assunto do dia. A conversa dentro do casamento é justamente para irmos ajustando os corações, para irmos ajustando a nossa intimidade; para que nos conheçamos, para que o outro vá nos conhecendo, para que conheçamos o outro, para estarmos mais próximos. É de uma soberba tremenda achar que somos o alfa e o ômega da história, o início e o fim. Isso é uma bobeira.

Melhore sua conversa decidindo não ser um estorvo

A qualidade das conversas, hoje, no geral é muito baixa; isso quando elas não são prejudiciais ou malignas. Não é diferente o que vemos na maior parte dos casamentos. Mas muito disso pode ser evitado quando adotamos, desde o primeiro momento do dia, uma postura de atenção que tem por base certa decisão muito consciente: a de não ser um estorvo.

Sempre recordamos certa vez em que saímos para jantar e, em certo momento, um de nós entrou num tipo de conversa sem saída e que só resultaria em estresse e insegurança. Quando situações assim acontecem, há duas possibilidades: (1) um dos interlocutores realmente quer encher o saco e causar problema; ou (2) a pessoa está desatenta e não reparou que alguns tipos de conversa atraem problemas. Essas coisas não são difíceis de perceber quando já iniciamos o dia atentos. No caso do jantar, um de nós notou o problema e disse que aquilo não resultaria em nada. O ponto-chave é que isso precisa ser dito sorrindo, porque se você ficar irritado a briga começa no mesmo instante.

Isso só é possível quando estamos, ativamente, decididos a acabar com os problemas e a não dar continuidade a eles. Essa atenção em não ser um estorvo proporciona uma boa conversa e indica a hora certa de pôr fim a ela.

Notem que essas coisas são sutilezas que fazem parte do grande campo da comunicação. Tomando consciência dessas sutilezas, a nossa qualidade de comunicação verbal melhora tanto que chega ao ponto de conseguirmos passar meses sem uma só briga pelo simples fato de termos aprendido a falar.

O exemplo do jantar serve para ilustrar que, quando estamos conversando, existe uma espécie de fala "espontânea", desatenta, que não passou por um processo de educação, de modo que a coisa parece um diálogo de dois bebês. O problema é que a comunicação de bebês é deficiente e sentimental. Conhecendo os problemas da fala humana, você domina a linguagem e seus desvios. Muitas pessoas acham que a fala é uma atividade espontânea mesmo, mas reparem que não é nada disso; afinal, quando somos crianças precisamos ser ensinados e corrigidos o tempo todo. Um dos nossos filhos, um bebê, fala tudo errado; José, um pouquinho mais velho, imita os mais velhos em tudo, mas recebe algumas correções ativas; os demais já têm aulas de outras línguas para aprenderem a falar bem desde cedo. Ângelo diz muita coisa que os pais não conseguem entender, apesar de aplicarem toda a sua benevolência. Os pais precisam sondar e descobrir o que ele de fato quer lhes dizer. Porque ele é um bebê, e isso faz parte.

O fato é que muitos adultos não dominam nenhum dos níveis da narrativa, apesar de conseguirem falar normalmente. Para melhorar isso, em primeiro lugar, é preciso ordenar o pensamento. Quando a ordem do pensamento não está clara, a organização de uma fala coerente fica muito difícil. Depois, permeando as ideias, nota-se que em geral existe um filtro afetivo disperso. Sentimentos caóticos. Entendam, portanto, que no caso da maioria dos adultos as palavras apresentam uma desordem basal de pensamento; somado a isso, ainda há uma dispersão afetiva modulada pelo estado de espírito do momento. Portanto, na maior parte das vezes, o que as pessoas falam não tem correspondência real com aquilo que se passa dentro delas. A falta de clareza na cabeça se mistura com a dispersão afetiva.

Esse problema pode ser resolvido se nos posicionamos desde o início do dia. Quando acordamos já com a intenção de não sermos um estorvo, no fundo estamos tentando purificar o filtro afetivo que está entre o que desejamos dizer e aquilo que de fato se transforma em palavras. Perceba que isso não resolve todo o problema porque é possível não saber exatamente o que desejamos dizer. Mas a ideia é tirar o complicador que se relaciona com o modo e o momento de falar certas coisas. Se estivermos desatentos, nada disso jamais será percebido, e as conversas serão muito pobres.

Em geral, conversas entre marido e mulher são muito pobres, enquanto os diálogos de namorados e amantes são ricos. Isso acontece porque a modulação afetiva dos inícios de relacionamento transforma tudo, mesmo que o pensamento esteja desordenado. A proposta de começar o dia decidido a não estorvar impede que a dispersão complique ainda mais a fala. A dispersão se dá de duas maneiras: (1) não percebemos o que está dentro de nós mesmos; e (2) não percebemos qual é o estado interior da outra pessoa. Se a sua esposa está com a atenção voltada aos problemas da casa, por exemplo, é muito difícil que você consiga, pelo simples intermédio da fala, despertar-lhe o interesse de resolver questões particulares. O mais provável é que, em situações assim, você deva oferecer atenção em vez de requisitá-la.

Por exemplo: seu filho vomitou e sua esposa precisou sair do trabalho e levá-lo ao médico porque você não conseguiria fazer isso. Ela já perdeu o dia, acumulou tarefas e ainda está preocupada com a criança. Ao chegar em casa, se você começa a falar sobre coisas que não têm importância alguma, ela não vai lhe dar atenção porque o assunto não é interessante. E aí, pelo fato de ter sido ignorado, você fica ressentido. É claro que ela não vai lhe dar atenção! Primeiro, porque o assunto não é interessante. Segundo, porque você começou a falar de modo desatento e não prestou atenção ao estado interior em que ela se encontrava. Perceba que de conversas bobas à mesa de jantar surgem conflitos. Quase todas as brigas de casal se dão por motivos assim.

Mudando agora o exemplo, imagine o seguinte: um casal combina de se encontrar, e a mulher está no celular assistindo a um vídeo qualquer. Caso haja uma tentativa de conversa, ela pode se sentir incomodada por ter sido interrompida. Mas, nesse caso, a dispersão foi imposta por vontade própria. Veja que situações assim só aparentam ser complexas, mas no fundo são bem simples. Aos finais de semana, não é para ficar vendo vídeo sobre seja lá o que for, especialmente nos momentos que o casal elegeu para estar junto. Existem as dispersões graves e inevitáveis e as que não passam de bobeiras. Quase todos os problemas de comunicação dos casais acontecem por causa dessas últimas — isso porque os sujeitos não se comprometeram, no início e ao longo do dia, com a tentativa de não estorvar os cônjuges, em especial ao prestar atenção aos estados interiores de cada um deles.

Existem momentos de calar e de falar. Existem momentos de falar algumas coisas ou outras, e existem momentos de se interessar pelos assuntos do outro e de propor os rumos da conversa. Dissemos que a fala é uma habilidade que precisa ser adquirida artificialmente e que as conversas de hoje em dia andam muito pobres, certo? Por mais que pareça tudo igual, falar é uma coisa, emitir palavras é outra. A fala propriamente dita acontece assim: uma pessoa pensa com uma determinada estrutura, o seu afeto faz a mediação precisa e aquilo que sai da sua boca vai direto no ponto que deseja acertar na outra pessoa.

Se você deve dizer uma verdade que não é branda nem doce, será necessária certa habilidade para que não machuque o outro. A verdade não precisa necessariamente ferir ninguém, ainda que você possa escolher isso para que ela penetre de modo mais agudo. A fala mais dolorosa só pode ser utilizada por aqueles que dominam muito bem a linguagem. Expressar uma verdade de modo brando e doce requer trabalho dobrado, para que as pessoas consigam absorvê-la. Poucos são os que dominam a linguagem a tal ponto que se torna conveniente abrir uma ferida para que as palavras exerçam a função terapêutica de maneira mais rápida. Seja como for, na relação de marido e mulher, jamais façam isso. A intenção, quando é preciso dizer uma verdade, está em que seja compreendida da maneira mais doce e branda possível. Com os filhos pode ser necessária a veemência aqui e acolá, mas com o cônjuge, nunca. Se uma vacina pode ser ministrada tanto com agulha intramuscular quanto com gotas, você deve escolher a opção indolor, já que o efeito será o mesmo. Marido e mulher devem ter muito cuidado para não machucar um ao outro.

"Italo, Samia, a verdade só dói para quem vive no erro. Isso é fato." Cuidado com essas frases prontas. Isso não é um fato. Ouvimos padres, pastores e avós falando isso, mas não é assim que as coisas acontecem necessariamente. Já pudemos orientar centenas de vidas, e, na maior parte das vezes, as pessoas viviam anos a fio no erro e a verdade dita não doía nada. A verdade dói porque estamos em meio a pessoas inábeis. É possível falar de coisas profundas e verdadeiras de modo construtivo e gostoso. Esse negócio de "a verdade sempre dói" é coisa de quem não domina a linguagem. Se você está ansioso e com a estrutura do pensamento obscura, as palavras saem como tiros; e, como se não fosse o bastante, você ainda elege o pior momento para falar sobre erro, que é justamente o da exposição. Por isso precisamos, desde a hora em que acordamos, assumir o compromisso firme de não sermos um estorvo, para não ferirmos nosso cônjuge por desatenção.

Plano de ação

Este é o espaço para você anotar e detalhar os planos de ação que lhe ocorreram durante a leitura deste capítulo. Lembre-se: você deve optar por ações concretas e simples, que possam ser realizadas e avaliadas a cada dia e nas circunstâncias de sua vida conjugal, que não é igual a nenhuma outra. Planos e resoluções abstratas e megalômanas podem até ficar bem no papel, mas são irrealizáveis na prática!

Como servirei ao meu esposo ou esposa à luz do que li nestas últimas páginas?

_____
_____
_____
_____
_____
_____
_____
_____
_____
_____
_____
_____
_____
_____
_____
_____

Capítulo 6

A PERSONALIDADE NO CASAMENTO

Pessoa e personalidade

Se fizermos a pergunta "o que é personalidade?", provavelmente cada um terá sua própria definição. No linguajar comum, dizemos que determinadas pessoas "têm muita personalidade" ou "pouca personalidade". Ou então: "Nossa! Olha a personalidade desse menino!" Em geral, falamos de personalidade como uma marca de força: um sujeito que tem muita personalidade é inabalável, tem ideias próprias. Essa é uma definição muito pouco clara e pouco técnica.

Mas, para começar a entender o que é personalidade, precisamos entender uma coisa que vem antes: o conceito de *pessoa*. Se tomarmos a história da filosofia, da psicologia e da antropologia, veremos definições complexas a respeito. Existe um livro importante de Aristóteles chamado *Ética a Nicômaco*. Nele, o filósofo escreve os princípios de funcionamento da pessoa: ou seja, se a pessoa age do modo descrito no livro, ela se aproximará da felicidade; por outro lado, se o sujeito se afasta do que está prescrito, tenderá a ser triste e infeliz. Mas mesmo nessa obra não existe uma definição clara do que seja a pessoa. Parte-se de uma intuição: eu sou uma pessoa, você é uma pessoa; se eu me afasto desse agir, dessa conduta ética, vou me entristecer; se me aproximo da conduta ética, vou me alegrar. Mesmo a profunda filosofia grega tem dificuldade em definir o que é pessoa.

Dois mil anos depois, perto do medievo, alguns filósofos voltaram a se interessar pelo conceito e definição de pessoa. Define-se pessoa como "substância individual de natureza racional". No jargão técnico, em latim, falava-se *individua substantia rationalis naturae*. Lógico que é uma definição muito técnica, muito objetiva, e a maior parte de nós não é filósofa. Só estamos interessados em conviver melhor com nosso cônjuge. Assim, o conceito de pessoa para nós precisa ser muito mais próximo; precisa ser um conceito que a gente toque, que conviva conosco, que se sente à mesa e tome um café à nossa frente. Não pode ser um conceito distante, abstrato.

Os filósofos espanhóis do século XX tinham uma ideia de pessoa muito concreta, de carne e osso, e alguns deles são muito interessantes para nós. Já mencionamos Julián Marías. Esses espanhóis olharam para a pessoa não só como um conceito. Eles dizem o seguinte: pessoa é instalação e projeto. Uma pessoa de carne e osso está instalada num lugar e tem um projeto, tem uma projeção. Quando você olha para o seu filho, para o seu sobrinho, para uma criancinha na praça, ela está instalada, ou seja, tem um corpo, uma idade, uma altura, uma constituição física, possui uma língua por meio da qual vai se manifestar e falar. É isso que são instalações. Além dessas instalações, ela tem uma projeção, ou seja, essa criança tende a ser alguém. Que bonito isso! Quando a gente olha para uma pessoa humana, quer ela saiba, quer queira ou não, ela tem um projeto, virá a ser. Ou seja, a pessoa humana não está perfeita: ela tem de fazer a sua vida entre a sua instalação e os elementos que a constituem. Como diria Ortega y Gasset, "eu sou eu e minhas circunstâncias".

 O que isso significa? Quando você olha para alguém, quando você olha para um eu, ele não é apenas "eu": também é suas circunstâncias. Ou seja, aquela pessoa vai se fazendo consigo e com o mundo. Isso é ser pessoa. Quando você olha para o rosto de alguém que você ama, seu marido ou esposa, fitando aquele rosto com amor, não consegue saber exatamente o que está dentro daquela pessoa a não ser que ela se manifeste, a não ser que fale o que está por dentro dela. A pessoa humana tem um mundo interior riquíssimo, um mundo de projeção, de tensão, de desejo e de frustração; não é um mundo estático. É um mundo dinâmico, que tende ou à felicidade ou à infelicidade. Tende a se realizar ou tende a se frustrar, e isso é propriamente o que a gente chama de *pessoa*. Esse segundo conceito é menos técnico. Mais confuso, talvez; mas ele sangra, respira, está na nossa frente! Ele é importante em todas as operações da nossa vida. Sempre que estivermos com nosso cônjuge, precisamos estar diante dele pensando nisto: ele está instalado em um lugar, tem uma bagagem cultural, certa idade, uma constituição física e tem um projeto, que eu posso de certo modo intuir olhando em seus olhos. Mas fica muito mais fácil de entender tal projeto se dialogamos e cultivamos nossa intimidade. No casamento, abraçamos o projeto vital dessa pessoa, porque ela vai nos contar, porque vamos ouvir, porque vamos ajudá-la; porque vamos tomar esse projeto para nós. Nada mais pessoal que isso.

Isso tudo para a gente chegar a um conceito de *personalidade*. Dentro do palco de operações que é a pessoa, existe algo que é propriamente seu e só seu. "Eu sou eu e minha circunstância", mas a circunstância é igual para muitas pessoas. Você e sua irmã talvez tenham uma circunstância espacial muito parecida. Talvez tenham uma idade semelhante, quer dizer, a diferença de idade entre vocês é pouca. A carga hereditária, de família, é próxima. Claro que há determinações específicas: você é você e ela é ela; você é uma substância individual e ela, outra. Embora tenham uma circunstância espacial muito semelhante, os dois têm uma instalação diferente, porque você está instalado em si e ela está instalada nela.

O que queremos dizer: aquilo que alguém coloca para dentro de sua pessoa de modo próprio é o que chamamos de *personalidade*. O que é a personalidade? É aquilo que você tem de próprio. Vamos imaginar um tecido, um pano bonito. Esse pano é a sua pessoa. Imagine que estamos bordando uma imagem nesse pano. Temos uma agulha, atrás da qual passa uma linha, e essa agulha vai costurando e enfiando para dentro do pano uma linha. No final, temos o desenho, o bordado instalado, inscrito no pano. O pano é a sua pessoa; a agulha que vai colocando para dentro a linha é a sua psique, esse elemento articulador; a linha é o que vamos chamar de mundo. Temos o mundo passando pela gente, o ambiente externo, a nossa circunstância, o que falam, o que nos dizem, o que nos fazem sentir, enfim; e a nossa psique pega os elementos externos do mundo e vai colocando para dentro. Então, temos uma psique que costura o mundo, que alinha no pano (que é a nossa pessoa), que deixa uma marca absolutamente própria que é o bordado; isso é o que a gente chama de *personalidade*. A personalidade é a articulação entre mundo e pessoa feita pela psique.

Algumas das nossas coisas são comuns aos demais seres humanos. Por exemplo, a forma do corpo, entre os seres humanos, é mais ou menos comum. Se algo lhe acontece, atingindo também uma coletividade (os grandes desastres, as grandes alegrias, benefícios que são distribuídos a um grupo de pessoas etc.), isso também é algo comum. Agora, o modo pelo qual você articula isso tudo na sua história é uma ação da sua psique. Quando a psique organiza isso na sua história, de modo absolutamente pessoal, você vai formando o que chamamos de personalidade. É por isso que se costuma dizer que uma pessoa muito diferenciada, que tem ideias próprias, que não se deixa arrastar pela multidão, "tem muita personalidade". O que estamos querendo dizer com isso? Que reconhecemos em tal indivíduo algo extremamente particular.

Há uma razão muito profunda nessa percepção. A personalidade é a instância propriamente particular da sua pessoa: é aquilo que só você tem, e ninguém mais. E isso de mais pessoal você tem por meio da sua história. Podemos falar que a substância do copo é o vidro, que a substância da carteira é o couro. Mas, quando perguntamos sobre a substância da vida humana, a resposta tem de ser a história, a narrativa. É a história que estamos contando. E quem conta essa história é o domínio chamado *psique*. A caneta é o instrumento que faz com que as ideias de um autor se materializem no papel. A psique é como se fosse a caneta: ela faz a interface entre o mundo e a história própria do indivíduo. Ao bordado específico da nossa pessoa, a esse desenho, chamamos propriamente de personalidade. A personalidade é aquele componente que nos individualiza. É como uma impressão digital da sua pessoa, algo próprio, só seu. Por isso ela é a sua força. A personalidade é o seu componente histórico, que você desenvolve ao longo da sua trajetória. Ela vai amadurecendo e se ampliando; ganhando, assim, uma forma. É ela que as pessoas reconhecem quando olham para você. Não há duas impressões digitais iguais e não há duas personalidades iguais neste mundo.

É importante termos isso em mente, pois a personalidade é o que nos permite agir em primeira pessoa, de forma pessoal. É o elemento da vida humana que nos faz ter um centro, que nos possibilita agir como alguém. É aquilo que nos leva a olhar nossa história, no fim da nossa vida, e dizer: "Consigo entender a vida dessa pessoa que sou eu mesmo e que, mesmo com dificuldades, frustrações, claudicações e tropeços, tentou viver em primeira pessoa." Isso é fundamental para o casamento: só nós podemos viver nosso casamento, tocar esse projeto a dois. É preciso uma ação pessoal, de ambos, marido e mulher. O marido não se casou com uma mulher genérica, loira, olhos claros, tanto de altura, tanto de peso; casou-se com aquela mulher que tem um nome, uma história, é pessoa. E ela precisa agir dentro do casamento.

Personalidade para amar e ser amado

A personalidade também é o elemento que nos devolve a coragem, que tira a covardia e faz com que nos instalemos na trama da existência humana chamada *ação pessoal*, em que acontece o casamento. É preciso coragem para agir como pessoa. Muita gente vai se paralisando na vida porque tem medo de tanta coisa! Não vemos isso em tantos solteirões que não se casam "por opção", ou mesmo casais que morrem de medo de ter filhos? Dá pena esse tipo de gente que acorda, às vezes faz uma oração, toma seu café da manhã, vai trabalhar e, ao retornar, se olha no espelho e não encontra ali um centro agente, vendo-se com dificuldade de responder à seguinte pergunta: "Quem viveu esse dia?" Essa é a característica das pessoas que miseravelmente têm vivido acovardadas.

Infelizmente, vivemos em um tempo de pessoas com pouca personalidade. Entre outros motivos, isso acontece pela concepção de que o homem é só um bichinho que busca o prazer e foge da dor. Em meados dos anos 1910, começa a circular de modo mais consistente uma percepção a respeito do homem que não o visualiza mais como um ser espiritual, mas como um ser amputado das suas faculdades superiores, sobrando quase somente o elemento biológico (que nasce, cresce, se reproduz e morre). Pare para pensar nessa visão triste. Se o homem é o bicho que nasce, cresce, se reproduz e morre, então não há diferenças entre nós e uma minhoca, ou uma ameba, ou uma samambaia; afinal, vegetais e animais também passam por esse ciclo. Se é disso que se trata a vida humana, não vale a pena se casar (animais reprodutores não precisam de casamento para isso). Não por acaso, com a difusão dessa visão de homem, o casamento enquanto instituição entrou em uma profunda crise.

Mas vimos que, além das demandas materiais, o homem tem outros elementos para desenvolver: as vontades que se dirigem às coisas materiais e as vontades de verdade, bem e beleza. Uma pessoa que acorde e durma só buscando o domínio das vontades materiais, botando apenas isso para dentro da própria história e demonstrando que só isso marca a totalidade do seu dia, terá, então, pouca personalidade. Por quê? "Eu sou eu e minhas circunstâncias." Por exemplo, estamos inscritos numa circunstância que é fome, em outra que é vontade de comer e ainda em outra que é bem, beleza e verdade. Se você só põe para dentro a circunstância da fome, ou seja, essa luta entre prazer e desprazer, você será você mais essa circunstância. Então sua personalidade será bem pequena; sua história será escrita com esses elementos. Entre você, um tatu-bola e uma formiguinha não haverá muita diferença. Claro que há uma diferença total de possibilidade, afinal você pode ser herói, santo, crápula ou ditador, mas, ao escolher só essas coisinhas, você fica pequeno.

Mesmo considerando uma vida humana privada de educação e de liberdade, de sonhos, é possível constatar que ela não se reduz ao elemento biológico. Por exemplo, pense na história de Maximiliano Kolbe. Ele foi um desses sujeitos grandes, amplos e fantásticos, do tipo que nos dá a dimensão do que é a vida humana. Enquanto ele estava no campo de concentração de Auschwitz, três judeus haviam conseguido fugir. Os guardas foram atrás, mas não conseguiram capturá-los. Avisado o comandante, a seguinte punição foi dirigida aos judeus remanescentes: se três fugiram, dez serão sacrificados. Os dez desafortunados deveriam ser trancados numa cova de dois metros quadrados, sem água, luz e comida e convivendo com excrementos até a morte. Enquanto caminhavam para a cova, um deles clamou por piedade, pois tinha mulher e filhos, o que demonstra que ainda havia esperança nesse pobre homem. Maximiliano Kolbe, considerando consigo que não tinha mulher nem filhos, num ato de generosidade exemplar, pediu ao comandante para assumir o lugar do suplicante. O comandante não viu problema na troca; afinal, "são todos animais mesmo". Então o padre Kolbe foi jogado na cova com outros nove escolhidos.

O coveiro inventariante, que abria e fechava a cova de dois em dois dias para verificar quantos haviam morrido, não conseguia entender o que acontecia com aquele sujeito chamado Maximiliano Kolbe. Ele entrava na cova e sentia um clima de paz, quase um clima de alegria, de consolação na tragédia. A presença do padre, de algum modo, tinha algo que o coveiro não sabia explicar, algo que confortava os demais. Toda vez que o coveiro abria o buraco, eles estavam orando e entoando cânticos, esperando o destino deles, quase reconfortados pela presença de uma personalidade.

O que fazia esse padre ser capaz de acalmar aqueles corações e de consolá-los naquela tragédia? Ele havia cultivado algo do seu espírito e de sua biografia que chamamos de personalidade, ora! Maximiliano Kolbe conversava com aqueles sujeitos e lhes contava histórias acerca do que é a vida humana e a respeito da própria divindade, tendo inclusive dado o batismo a eles. Depois de 21 dias insistindo em voltar e verificar, o coveiro ainda encontrou o padre com um olhar sereno, fazendo o que era necessário.

Imagine a vida de Maximiliano Kolbe nos últimos 21 dias de vida: ele ficou convivendo na cova com pessoas morrendo a cada dia, excrementos, frio, vermes etc. Mas por que continuava forte? O que é essa força que está na personalidade?

Já falamos da amplitude da pessoa humana, que é muito maior do que consideramos hoje. Estamos falando de uma densidade do real que não se considera mais hoje em dia. É uma pena que as linhas teóricas que olham para o homem não deem conta de notar isso. Podemos olhar para uma mulher (inclusive nossa esposa) e vê-la apenas com desejo sexual, ou olhar um filho pequeno e só lembrar, incomodados, que devemos cuidar dele. Mas esse não é o tamanho de uma pessoa. Ela é muito mais do que isso. Uma pessoa está inscrita na totalidade absoluta e infinita. É nessa vida que estamos inscritos.

A aposta da vida precisa ser o convívio com o bem e a verdade. Quando você começa a buscar os domínios superiores, sua vida vai aumentando, até chegar ao tamanho da vida do padre Kolbe, que transbordou em sacrifício. Não queremos nos derramar ao nosso cônjuge? Não em uma vala comum, em ato de heroísmo, pois provavelmente não teremos essa oportunidade, mas no sacrifício silencioso do dia a dia — em suma, no amor.

Por isso que sempre dizemos a nossos pacientes, alunos e seguidores que precisamos parar de reclamar, pois, reclamando, damos atenção a calor, frio, fome, coceira, meleca escorrendo... Ou seja, só à vibração que não nos distingue dos seres inferiores. Quando orientamos alguém a parar de reclamar, estamos apontando a atenção para um lugar um pouco superior, no qual passamos a conviver não mais com nossas circunstâncias materiais, e sim com gente, pessoa. É no convívio humano, no confronto com uma e outra pessoa de carne e osso, que a nossa vida vai acontecendo, e está aí a maravilha do casamento, que pode ser uma ferramenta das mais preciosas para o fortalecimento da personalidade. Quando esquecemos a maravilha que é ter uma pessoa ao nosso lado (a quem podemos entregar nosso serviço, coração, olhar, afeto e inteligência), toda a nossa atenção volta-se à conquista e ao medo de perder as coisas materiais. A abertura do olhar para o ser humano, para quem está ao nosso lado, marido ou mulher, não nos é algo opcional. O ser humano é um animal político, não no sentido de quem vota em uma eleição, mas no sentido de *pólis*, no sentido grego do termo: um bicho que convive, vai para a *ágora* (praça pública) falar, conversar, se expor, colocar suas ideias em jogo. Só o ser humano constitui casamento, os animais apenas se reproduzem.

Quando nos amedrontamos com tudo e nos preservamos, apenas buscando sentir coisas boas, fugindo da dor e buscando o prazer, não conseguimos conviver com o ser humano. Por quê? Porque as coisas já estão feitas, as pessoas não. Quando nos relacionamos com carro, celular, dinheiro, projetos de carreira e de viagem, aquilo, de algum modo, está pronto, pegamos a totalidade da coisa. Por mais que haja frustração com um projeto de carreira, o projeto em si foi previsto por nós com a nossa mente. Quanto à viagem, fazemos roteiro de viagem. E com as coisas, então? "Ah, comprei um carro." O próprio relacionamento com um animal é assim. Os cachorros são muito diferentes dos outros animais, têm uma capacidade de receber afeto que os leva a quase parecer uma pessoa. Mas é *quase*: eles não são gente ainda. Por mais que o seu labrador, por exemplo, seja diferente do da vizinha, o dela é muito parecido com o seu. Ele faz as mesmas coisas que todo labrador faz. Agora, o labrador, exceto na morte, não lhe causa o mesmo incômodo que o relacionamento com uma pessoa causa. Por isso, muitas vezes é mais fácil amar um bichinho do que uma pessoa. O labrador não lhe traz o incômodo da incompletude e da vulnerabilidade que a relação com outro ser humano traz.

 O que é amar uma pessoa? É apostar no absurdo, no ridículo e no cafona. O amor a uma pessoa é sempre a abertura do coração para uma coisa que não estamos vendo. Ou seja: não vemos a vida completa do outro lado; pois, de fato, ela não está completa, diferentemente das coisas e dos animais. O convívio exclusivo com coisas tem por consequência uma personalidade muito pequena. Com bichos, sobretudo os superiores, como os cachorrinhos, o convívio já traz uma abertura. Os cachorros conseguem absorver o nosso afeto, por isso é óbvio que muita gente sofre quando perde um cão — o seu afeto estava direcionado a um ser vivo que poderia recebê-lo. Mas não se entristeça conosco: o seu cachorrinho é muito parecido com os demais. Os cães de caça caçam, os de guarda guardam, os de madame passeiam no shopping. É sempre igual. Os seres humanos são bichos que têm uma amplitude imensamente maior. É nesse convívio de homem com homem e mulher com mulher, nessa abertura para o outro, que a coisa se dá.

O coração humano só se dilata no limite, isto é, só ganha a amplitude da transcendência do desconhecido que brilha na sua magnanimidade quando a gente invade o domínio do absoluto, infinito e eterno. E para nós, que estamos aqui de carne e osso, esses elementos só aparecem no confronto entre olhares. Isso é o que dá força para o ser humano. É a aposta em colocar para dentro da nossa biografia não só aqueles elementos materiais, mas também os elementos de transcendência (de absurdo, infinito, absoluto, eternidade), que só aparecem para nós através do convívio verdadeiro com outro ser humano, especialmente nesse lugar privilegiado que é o nosso casamento. É só olhar para a nossa história: as partes resplandecentes e profundas, cavernosas e obscuras apareceram quando perdemos o carro ou fomos demitidos, ficando sem dinheiro? Não. Apareceram porque falhamos diante do cônjuge, ou porque ele nos traiu ou, ao contrário, estendeu a mão, nos amou.

É essa abertura para o convívio humano que dá uma dimensão profunda do que somos e do que podemos ser. As pessoas que se fecharam para o amor e para o convívio, que não estão comprometidas em conviver, olhar, se abrir, conversar e perdoar, pessoas que muitas vezes não querem se casar, ficarão fracas. Por isso andam inseguras e com tanto medo, chorando e procurando os consultórios, sem a possibilidade de redenção, pois esta não estará numa técnica específica de análise, na medida em que só se procura a si. A redenção, a cura e o progresso estão na abertura para a outra pessoa, ou seja, para quem está ao seu lado, em geral a esposa ou o marido. É essa abertura através do olhar que nos inscreve e nos dá esse domínio amplo do que é a vida.

Contra as máscaras, o sorriso

As dificuldades no casamento, em geral, surgem porque temos dificuldade de personalizar, de ser pessoa, de ter nossa personalidade bem formada. Quando falamos de amor, falamos de algo que é pessoal. O amor é sempre pessoal, por definição. É uma coisa que vem de você; ou vem do centro do seu coração ou ele não está vindo de lugar nenhum.

O problema é esse: temos dificuldade de personalizar, de ter a nossa personalidade, porque em geral nos aparecem elementos estranhos, estrangeiros a nós. A língua que falamos nos é estrangeira, o elemento cultural nos é estrangeiro, uma imagem que você viu lá em *Malhação* na década de 1990 e que forma a sua cabeça é estrangeira a você, aquilo não é você ainda. A gente convive com uma série de pulsões interiores do subconsciente, da genética, do cosmos — enfim, da cultura — que não é a gente ainda. O esforço de formar a personalidade consiste em integrar todos esses elementos estranhos ao centro do coração. É só esse centro que pode de fato entregar o amor verdadeiro.

Então, quando alguém fala que tem dificuldade de amar, o que significa? Significa a dificuldade de construir a personalidade, de integrar esses elementos ao centro do coração. E quem faz tal trabalho? A sua psique atenta. Quando está atento e quer integrar essas coisas ao centro da sua personalidade, você consegue aumentar a capacidade de amar.

Vejamos um exemplo simples. A nossa geração, a nossa cultura, tem um monte de talismãs, de vacas sagradas, de máscaras que podemos vestir para perder a nossa pessoalidade. Uma delas é a religião mal-entendida, a "religião" entre aspas. A profissão é outra. Vê-se um monte de gente falando de certo modo "profissional" (advogados, médicos, mestrandos, doutorandos); é difícil ouvir esse pessoal falando e reconhecer uma pessoa ali. Quando você vai a um médico, parece que ele faz questão de enrolar tudo, de falar desde a sua profissão; ele fala como se fosse um corpo, como se fosse a Assembleia dos Médicos, falando de átrios, ventrículos, hipertensões e hipoglicemias, e não consegue falar com a pessoalidade do coração dele.

Quando um sujeito assume esse papel profissional, ou religioso, ou ainda acadêmico, perde imediatamente a sua personalidade. Imediatamente. Ele vai ficando não só prolixo, como também falso. Cada vez que as pessoas escapam desse esforço de personalização, cada vez que perdem esse esforço de autenticidade, vão perdendo a capacidade de formar sua personalidade e imediatamente perdem a capacidade de amar, tornando-se pessoas que não são amáveis. Você não consegue amar algo que não é pessoal. É muito difícil. Qualquer um que já tenha amado uma pessoa sabe que o amor a um ser humano é sempre maior que o amor a um objeto, por mais caro que este seja. O amor a uma pessoa ou a um animal de estimação é sempre superior ao amor a um objeto. Isso porque na pessoa ou animal de estimação há algo de pessoal, há uma personalidade ali. A personalidade dos animais de estimação é mais imperfeita que a das pessoas, mas ainda assim é mais perfeita que a dos objetos, então é claro que se ama mais um animal do que se ama um objeto, e ama-se mais uma pessoa do que se ama os animais.

Quando a pessoa não faz esse esforço de personalidade, ela não se torna amável, vira uma coisa. Sabemos que parece poesia, e é um pouco. Mas essa é a poesia da vida, sem a qual a vida só é uma prosa absolutamente chata, uma narrativa que não é sua, no fim das contas. É sempre essa dificuldade de personalização que está nas pessoas que falam não conseguir amar ou que não são amadas, é sempre um medo de ser quem é ou quem precisa ser. É o movimento do egoísmo de olhar só para si, não para o mundo e como ele o impacta. É um medo que destrói seu casamento.

Para amar seu marido, sua esposa, você tem de olhar para o outro. Essas crises, em geral, vêm de uma imaturidade muito grande, porque nenhum dos dois está fazendo um esforço de personalização, nenhum dos dois está construindo sua personalidade e dificilmente os dois estão olhando de fato um para o outro.

Uma vez que se abre mão dos próprios papéis, como exercitar a personalidade? Ou seja, como pegar o que temos de próprio, o que colocamos para dentro por meio do "eu sou eu e minha circunstância"? Se você deixa passar toda a circunstância de bem e de verdade, o seu eu fica pequeno, você fica fraco e amedrontado. Uma das formas de tocar essa transcendência é procurar neste mundo aquilo que é símbolo, sinal, presença, imagem e semelhança do absoluto, infinito e eterno. Ao fazer isso, seus olhos só vão bater em gente. E como essa relação se estabelece? Afinal, vamos encontrar ao lado pessoas caducas, que estão mal, não amam mais e estão com um coração minúsculo. A depender do contexto, talvez seu cônjuge esteja assim. Como começamos a destravar o desamor que habita por aí, talvez em nosso próprio casamento?

Temos uma técnica bem simples, mas profunda e eficaz. Se você é uma pessoa normal, você acredita que seria bom ser feliz. Cultivar certa esperança de ser feliz é importante, porque a esperança é um elemento central da vida humana. Sem esperança já estamos mortos. A gente espera uma vida melhor, um algo de felicidade que muitas vezes o véu deste mundo encobre e dificulta. O que pode abrir essa dimensão da felicidade e da esperança em nosso casamento? Uma coisa simples, mas profunda demais: o sorriso. A sua cara fechada, essa insistência em cultivar carranca dentro de casa, fechando os lábios para não mostrar os dentes, tira a sua humanidade e o desejo de que convivam com você. E você se torna símbolo não mais do absoluto, mas do que está chapado, da falta de esperança e do desamor.

Pense bem: nenhum bicho sorri. O sorriso humano tem tantas nuances quantas são as promessas de felicidade eterna. Cachorro não sorri, só pula em você e abana o rabo. Peixe é uma planta sem caule. Os bichos não sorriem. Pedra não sorri. Planta também não sorri. Gente sorri! Mas às vezes não sorrimos, como quem diz: "estou apostando numa vida canina, ou de pedregulho, ou infernal". Portanto, a abertura do sorriso no seu rosto é um dos elementos de abertura de esperança, de fluidez de relacionamento.

Um marido que cumpre o seu dever, que acorda na hora, que toma banho, que arruma a cama, que lava a louça, que vai fazer compras, tudo isso sorrindo, servindo à mulher e aos filhos, está instalado no peso mesmo da vida. Esse peso, como já dissemos, não é um peso que puxa para baixo. É o peso da estrutura. Veja: um edifício abarca dentro de si um monte de ferragens que pesam e que você não vê, mas pode-se dizer que as ferragens são um peso? Não. Elas são a estrutura. Sem esse peso das ferragens, o edifício não ficaria de pé.

 O casamento está entre esses elementos que chamamos de peso, mas que na verdade é estrutura. É justamente quando assumimos, admitimos essa estrutura da vida humana de que é feito nosso casamento, quando notamos que algumas coisas nos sustentam no mundo — na realidade, quando obedecemos a essa estrutura — que vamos encontrando o sentido mesmo dentro da nossa rotina, da nossa vida conjugal e familiar. Há coisas às margens das quais a gente não pode simplesmente viver. O compromisso matrimonial, assumido com a totalidade da nossa palavra, deve ser honrado ao máximo. Sempre. Todos os dias. E precisamos mapear como ele se traduz na prática, no nosso dia a dia, para o cumprirmos sorrindo, como pessoas.

 Você tem de saber como honrar seu compromisso matrimonial. Esse é um compromisso de que você simplesmente não deve, não pode abrir mão, porque, se fizer isso, viverá à margem da sua vida. Se fizer isso, no leito de morte vai dizer: "Putz, eu cedi. Eu cedi à pressão do mundo, a uma fraqueza, a um capricho, a uma preguiça… E eu não estava instalado na realidade da vida." Em contrapartida, cumprir esse compromisso é o que dá o peso gostoso, verdadeiro, a substância suculenta da vida humana. É esse o único antídoto possível para que você acorde, viva sua jornada diária, sua rotina de casal e, ao fim do dia, contemplando-se no espelho, perceba que há uma substância ali, um centro, não apenas o marido de fulana, a mulher de beltrano, mas uma pessoa que livremente se doa em um projeto chamado *casamento*.

Plano de ação

Este é o espaço para você anotar e detalhar os planos de ação que lhe ocorreram durante a leitura deste capítulo. Lembre-se: você deve optar por ações concretas e simples, que possam ser realizadas e avaliadas a cada dia e nas circunstâncias de sua vida conjugal, que não é igual a nenhuma outra. Planos e resoluções abstratas e megalômanas podem até ficar bem no papel, mas são irrealizáveis na prática!

Como servirei ao meu esposo ou esposa à luz do que li nestas últimas páginas?

_____
_____
_____
_____
_____
_____
_____
_____
_____
_____
_____
_____
_____
_____
_____
_____
_____

Capítulo 7

A REALIDADE E SEUS DESAFIOS

O MELHOR DA VIDA É IMPREVISÍVEL

Em consultório particular de psiquiatra não aparece muito maluco, no sentido estrito do termo. O que chega é paciente com alguns transtornos de ajustamento, aqueles problemas bem relevantes que de fato atrapalham a vida. É o sujeito que começa a estranhar a convivência com a mulher, e vice-versa. A pessoa casa, passam-se dois anos, e vem a sensação de que não era bem aquilo que ela queria; fica deprimida, sem energia, e nos procura. Oitenta por cento do que se atende em consultório é isso. O sujeito entra na faculdade, faz uma especialização, começa na carreira cheio de expectativa, pensando que vai brilhar, que agora o mundo vai se curvar ao "seu doutor", mas o que acontece na verdade? A vida se torna o que ele estava esperando? Só para alguns. Só para aqueles que nasceram com a sorte a seu favor. Para a maior parte de nós, não é assim que a coisa funciona.

Dê um mergulho na sua vida e lembre-se dos passos que lhe trouxeram ao lugar em que você está hoje. Você verá que houve algumas tacadas de sorte inexplicáveis. Isso é verdade mesmo. Pense em tudo o que aconteceu para você estar aqui lendo este livro. Provavelmente será algo impossível de reproduzir. Você estava vendo vídeo de gatinho na internet, aí um amigo seu lhe falou de um tratamento assim e assado, você foi ver, gostou, achou o conteúdo relevante, e agora está aqui. Isso é esquisito, mas as grandes tacadas da nossa vida apresentam um elemento enorme de imprevisibilidade. Nós dois, por exemplo, estamos há muitos anos juntos. No dia em que nos conhecemos, cada qual tinha saído de casa achando que nada de especial aconteceria. Era uma terça-feira como outra qualquer, mas, subindo as escadas da UFRJ, tudo mudou. Foi exatamente assim: saímos de casa um dia e voltamos completamente diferentes. Coisas estranhas da vida. Assim opera a realidade.

No entanto, esses impactos podem nos perturbar, porque nossa vida é abalada por esses acontecimentos. Na verdade, ela é construída a partir desses elementos de pura imprevisibilidade. Os acontecimentos daquele dia transformam nossa vida até hoje. Foram duas vidas que se juntaram e nunca mais se separaram. Uma vida conjunta construída com base na realidade imprevisível.

Isso não quer dizer que o planejamento deva ser descartado. Houve o momento em que um decidiu se casar com o outro. E era preciso arranjar dinheiro para isso. Sem um tostão no bolso, não sendo herdeiro de nada, Italo foi fazer dinheiro na bolsa de valores. Planejou tudo certinho, suou a camisa. Resultado: perdeu tudo, o negócio não andou e ele ficou devendo até as calças. Assim é a vida, assim é o mundo real.

Essa característica estranha e imprevisível da realidade, com todos os seus desafios, pode gerar uma grande ansiedade no nosso peito. Por um lado, estruturas fundacionais e determinantes da nossa biografia aparecem a partir de um elemento imprevisível do real. Por outro, o que é planejado nos mínimos detalhes sai do nosso controle e nos deparamos com uma falência notória. É uma coisa estranha da própria estrutura da realidade. Essa é a origem de incontáveis atendimentos feitos em consultório: pessoas surpreendidas pelos elementos incontroláveis e imprevisíveis da vida real ou pelos elementos de descontrole num planejamento baseado em cálculos mirabolantes. E, sendo o casamento um projeto do casal, está sujeito a esses desafios imprevisíveis que confrontam todo planejamento.

O elemento de imprevisibilidade da vida real, por definição, não é calculável: você não o determina. Ele acontece sempre de surpresa. É um amor, uma frustração, uma doença, uma perda. Quem perdeu um ente querido num acidente entrou com tudo nisso que faz parte da estrutura da vida. Italo perdeu seu pai assim, de forma trágica. Era uma manhã qualquer, o pai saiu para trabalhar como sempre, foi assaltado, levou um tiro e nunca mais voltou. E o buraco no peito aberto pela saudade permanece.

Em contrapartida, como se do outro lado dessa moeda, há o que podemos e devemos calcular. Ainda mais no casamento, na vida em família. No entanto, o próprio aspecto de cálculo pode fugir do nosso controle. A pessoa se pega pensando que tudo está dando errado, que o casamento vai mal, que, mesmo com o marido promovido, o filho saudável em uma boa escola, as coisas não estão indo como o planejado.

Precisamos entender que a maior parte das coisas na vida não é linear. Aliás, nos arriscamos a dizer que nada é, somente os projetos das nossas cabeças; a realidade concreta é sempre uma surpresa absoluta. E se não estamos abertos para as surpresas que a vida nos traz, como, por exemplo, a que pode acontecer na educação dos filhos, então sequer nos instalamos na realidade. Viver é lidar com surpresas positivas e negativas, e a vida dentro do casamento e da família está cheia dessas situações. Você pode educar os seus filhos com o maior amor do mundo e mesmo assim eles podem se tornar palermas, ao passo que, mesmo com desatenção e falta de tempo, as crianças podem crescer como adultos muito bons. A realidade é imprevisível, maior do que cabe na nossa cabeça, e o casamento é um grande lembrete disso.

Acompanhamos com grande preocupação alguns pais que acreditam ter controle sobre a vida dos filhos. É por isso que fazemos algumas postagens que podem parecer surpreendentes, dizendo que o exemplo não educa. O fato é esse mesmo. "Italo, Samia, se é assim, vou parar de me preocupar com a educação do meu filho?" Não, ninguém disse isso. O ponto é que você não tem o controle sobre o seu cônjuge e filhos, mas nem por isso deve deixar de se preocupar. De fato, quem percebe essa realidade consegue fazer alguma coisa. Do contrário, nada pode ser feito, e as consequências das expectativas frustradas são nervosismo, estresse, maluquices, fantasias e infantilidades.

O desejo de controle é sempre infantil, de alguma forma. Uma pessoa com mais de 12 anos, principalmente se é casada ou está em um relacionamento com intenções de se casar, precisa entender que a sua vida não será linear, porque o nosso controle se dá sobre pouquíssimas coisas. A realidade é muito maior do que nós. Esse desejo de controle acarreta ciúmes, por exemplo. O ciúme muitas vezes corresponde à expectativa de linearidade e controle diante da vida de casado. Você acha que vai controlar o olhar do marido ou da esposa, mas no fundo ele vai se dirigir a quem quiser. Sempre é assim, e isso não é uma desesperança acerca da relação, mas a própria relação em si, no mundo real. O ciúme é um ato de profunda imaturidade que, por excesso de fantasia e irrealidade, nos faz acreditar que podemos ter controle sobre o que a outra pessoa pensa. Mas isso nunca vai acontecer: não controlamos nada, e quanto mais cedo percebemos isso, melhor.

A ARMA DE QUE VOCÊ PRECISA É O BOM HUMOR

Aqui gostaríamos de falar de uma citação do livro *O vermelho e o negro*, de Stendhal, uma das inspirações do nosso Machado de Assis: "Quando o indivíduo cai no último patamar da desventura, o derradeiro recurso que lhe resta é a coragem."

Falando de casamento e vida a dois, o fato é que vamos cair no último patamar da desventura, seja por nossos próprios erros, seja pelos dos outros, ou o diabo que for. Conforme falamos, a realidade é imprevisível, cheia de muitos desafios. Por isso, gostaríamos de comentar a frase de Stendhal. Essa citação funciona muito bem para diferentes momentos e circunstâncias da vida envolvendo projetos pessoais, finanças, saúde etc. O fato é que a coragem é necessária nos campos de batalha, e algumas coisas na vida se parecem muito com eles.

Mas e o casamento? Há muitos terapeutas familiares colocando o casamento em si como um campo de batalhas que precisa ser vencido. Há conflitos, e mesmo perigos, no casamento, além de tantos fatores incontroláveis e imprevisíveis que podem lembrar um campo minado, com explosões a qualquer momento. Mas essa não é nossa visão e não foi o modo pelo qual escolhemos estar diante um do outro, ainda que algumas vezes pareçamos estar em desventuras. Tomara que você jamais considere o casamento como um campo de batalha, como nós. Mas o que seria, então?

Existe uma citação que corre há tantos anos que fica difícil precisar a quem pertence. Ela diz o seguinte: "A comédia é igual à tragédia somada ao tempo." Esse é o modo como resolvemos nos posicionar em quase tudo na vida, especialmente no relacionamento conjugal. Com senso de humor. Se excluirmos o senso de humor, sobretudo na interação cotidiana, em que ambas as pessoas aparecem uma para a outra como falhas, vemos que uma tragédia se instala. A tragédia clássica, grega, é marcada pela *fatalidade*, a ação imprevisível dos deuses, contra a qual nada se pode fazer. Um revés financeiro, uma doença, uma paixão arrebatadora e violenta etc. Não é disso que é feito o nosso cotidiano, mas, sem o senso de humor, acabamos nos posicionando no casamento como atores de uma tragédia, à mercê de fatalidades.

Nós somos, ao mesmo tempo, um par de carências e de potências de completude, formando dois polos de existência e ausência que se juntam na pretensão de serem mais presentes, plenos e felizes. Perceba que a relação amorosa é uma tremenda interrogação em suas próprias origens.

Desse modo, por não sabermos exatamente do que se trata um relacionamento amoroso, precisamos de uma humildade poética porque o que está em jogo é o coração, e nós temos de aprender o que é amar. Em nosso tempo, o amor é uma interrogação e um desconhecido.

Uma vez, tivemos um pequeno estranhamento. Depois de sair de perto, Italo pensou: "Eu estou com um sono do caramba. Não quero brigar com Samia. Não estou chateado com nada, afinal. É apenas sono." Então fomos ao shopping jantar, conversamos, comemos bem e voltamos. Simples assim. Depois de sair de perto, depois do probleminha ocorrido, o Italo tinha buscado dentro de si, com uma sincera autoavaliação, o elemento do riso e da comédia. É esse recurso que precisamos dominar para lidar com os reveses de cada dia.

Na frase "comédia é igual à tragédia somada ao tempo", o "tempo" pode significar "distância". Tome nota, pois é coisa capaz de resolver a vida de muitos casamentos. A função do humor é transformar a tragédia por meio da adição de distância ou tempo. Quando conseguimos adicionar o elemento da distância, fazemos a alquimia do senso de humor, o que é tudo na vida. Um dos elementos da maturidade pode não ser a coragem, mas a comédia. Com o riso, consegue-se uma distância da tragédia da irritação e dessacraliza-se o que antes parecia sagrado (e não era de fato), isto é, aquilo que nos causara irritação. A simbólica das brigas é assim. Hoje em dia existe tanta implicância com os humoristas porque eles fazem justamente isso com tudo: dessacralizam bobagens que colocamos em pedestais. Fazendo piada com tudo, conseguimos tomar distância daquilo que acreditamos ser sagrado. Eventualmente, quando isso for profanado por alguém, não vamos nos derramar numa tragédia, mas continuar vivos e em pé, rindo, buscando a felicidade e a oferecendo aos outros. O processo alquímico psíquico da sanidade mental é justamente esse, e essa é uma dica de ouro para o casamento. O processo alquímico funciona assim: sozinho, sem dar o braço a torcer, você toma distância e ri; e, com o riso, se dá conta de que está exigindo coisas que a outra pessoa não pode dar.

Considere, pois, o sentido do humor no seu casamento, tão necessário para suportarmos os desafios da realidade. Uma pessoa que leva as coisas muito a sério, no sentido de encarar o relacionamento com "coragem", vai acabar se frustrando e ferindo muito os outros. As coisas vão se tornar uma espécie de jaula insuportável, sobretudo se as duas partes adotam a "seriedade". Não queremos apenas que o casamento dure custe o que custar, como um duro fardo. Queremos ser felizes e fazer o outro feliz, e para isso precisamos de bom humor. Por isso, quando lemos aquela frase do derradeiro recurso, nos damos conta de que a coragem servia para muita coisa na vida, só que não para o relacionamento pessoal com nosso cônjuge. O recurso que nos resta, quando parece que estamos no último patamar da desventura, seja ele qual for, não é o do romance. A única possibilidade de manter um relacionamento em pé por quarenta anos e com saúde, alegria, paixão e energia é através da comédia, pois a coragem não dá conta de vencer a enormidade de coisas imprevisíveis que a realidade traz consigo. Temos de ser o amor da vida de nosso cônjuge, e não um soldado em campo de batalha. Da porta para fora, o homem pode até precisar ser um guerreiro. Mas, do tapete para dentro, o que vale é o amor.

Não é porque o casal se ama mutuamente que um irá conseguir dar conta de todas as carências do outro, mesmo acreditando nisso. Mas acontece que, no fundo, todos passamos pelo mesmo mecanismo de expectativas frustradas no amor. O fato é que o amor e a vida a dois correspondem a um ato de expectativa otimista de tal grandeza que acreditamos que o ser amado pode suprir até mesmo as nossas carências de sono. Em um primeiro momento, a coisa não é consciente. Quando jogamos luz nisso, fica ridículo... e a gente acaba rindo. Ou melhor, devemos nos esforçar para rir.

Lembre-se de que a comédia é igual à tragédia somada ao tempo. O problema é que o pessoal acha que se trata de tempo cronológico extenso. Aqui, o tempo corresponde à distância, e ela pode acontecer num átimo de segundo; basta encontrar o princípio da coisa e pronto.

Muito mais do que oração, companheirismo e admiração, a primeira coisa que falta nos relacionamentos é o senso de humor. Quando conseguimos alcançá-lo, a maior parte das desventuras simplesmente acaba e não haverá motivo para sofrer. Agora, quando a coragem é o recurso derradeiro para o "último patamar da desventura", você está em maus lençóis, porque ela demanda muita energia e esforço, e esse último patamar pode acontecer três vezes ao dia.

Meditando sobre a frase de Stendhal, portanto: você pode contrariá-la o quanto quiser. Acreditamos que a coragem não funciona na maior parte das vezes; o que dá certo é o distanciamento da tragédia e o senso de humor. Além do mais, as nossas tragédias geralmente são falsas e, em princípio, o problema é fome, sono, tristezas afetivas sem razão de ser ou crenças deslocadas.

Pense um pouco: o quanto você acha graça das coisas? O quanto está se levando a sério demais? Qual é a sua capacidade de reagir de modo afetivo, virando a chave depressa?

Uma vez, um casal nos contou que estava brigando por mensagens de celular. O cara estava muito bravo e, no meio de uma resposta, enviou sem querer uma figurinha de um rato com duas estrelinhas nos olhos. O que aconteceu foi que, em meio à briga, os dois começaram a rir. A chave virou. Pediram desculpas um para o outro e acabou tudo bem. Veja como o humor é o único recurso capaz de realizar essas viradas de chave rápidas. Não é a oração ou a vida espiritual porque essas coisas demoram. O senso de humor vem antes disso. Ele é necessário à dinâmica da vida a dois, senão a coisa não anda e acabamos soterrados pelos imprevistos da vida de casal.

Para muitos dos problemas que nós temos, a solução pode ser dar um passo para lado. Nos relacionamentos amorosos, verbalizar e deixar tudo muito "cerebral" é um inferno porque a maior parte das coisas não tem motivos. Sim, é verdade que o senso de humor sozinho não resolve todas as coisas, mas ele deve sempre estar presente. Essa é a diferença específica entre a nossa vida conjugal e a profissional, por exemplo. Com o nosso amor, a gente quer felicidade e alegria, enquanto com os chefes estamos interessados na produtividade, na fama e no dinheiro. Diferentemente do que ocorre nos relacionamentos conjugais, os recursos da comédia e do senso de humor não se apresentam como as principais ferramentas no círculo profissional ou religioso. Os casamentos hoje em dia estão indo para o brejo porque todo mundo está se levando muito a sério o tempo todo. Mas algumas questões insolúveis vão realmente ficar de lado, e é loucura tentar solucionar tudo. É a maldita pretensão de controle da realidade. Os casais que se amam devem pensar assim: "Eu estou mais preocupado com a sua felicidade. Você, sua esperança e a sua boa instalação no mundo me interessam mais do que as pendências. É você que eu amo."

Vale examinar, pois, o quão chatos nós somos. Repetimos: nem tudo precisa ser verbal, sério e protocolado. Muitas vezes tudo de que precisamos é do riso e da capacidade de virar rapidamente a chave. Apenas tenha cuidado com o senso de humor quando é a outra pessoa quem está propondo o problema, porque nesse caso o humor pode soar como deboche; mas, se as questões estão sendo levantadas por você, a chave de mudança da situação está em suas mãos.

No relacionamento amoroso, temos à nossa frente a pessoa a quem amamos, não um aluno que precisa entender uma explicação, um filho que deve ser educado ou um chefe para o qual precisamos ser úteis. Os nossos cônjuges estão em nossa vida para que a gente os faça mais santos, os encaminhemos para mais perto do Céu. Todo o resto é secundário.

Tente se lembrar do motivo das últimas desavenças e brigas no relacionamento. Será que, se houvesse uma intervenção de riso, a coisa não teria ido para outro lugar? A nossa proposta é essa. Nós vemos a vida a dois como um lugar que existe para que a vida do outro seja mais leve, alegre e feliz. Maridos aliviam o peso das esposas, e vice-versa. É assim.

Sorrindo diante dos desafios da vida

O que você precisa é acordar todo santo dia e se comprometer, em primeiro lugar, a enfiar a porcaria de um sorriso nessa cara amarrada. Não estamos brincando. Os solteiros sabem que não há nada mais sedutor do que um sorriso no rosto. Quando um homem sabe que a menina está flertando com ele? Mostrou os caninos, pronto. Na dinâmica dos relacionamentos é assim, e é a mesma coisa para quase tudo na vida. Este é um detalhe que muda tudo: acordar e enfiar um sorriso na cara. É a primeira ação do dia. Nem adianta argumentar que o primeiro pensamento do dia deve ser para Deus. Você vai falar com Deus de cara amarrada? É melhor falar sorrindo. Faça sua oração matinal de cara leve, será bem melhor.

"Italo, Samia, mas como vou sorrir se tem oficial de justiça querendo penhorar até meu jogo de talheres?" Sabe-se que a vida tem dessas, mas... Ora, se você sorrir, até o oficial você vai convencer com mais facilidade! Foi precisamente isso, a propósito, o que aconteceu três vezes com o pai do Italo. Era oficial de justiça tocando a campainha dele todo dia. Tinhoso que era, seu Cláudio tirava as coisas de casa para não serem penhoradas. Depois ele deu a volta por cima, mas até chegar lá foi osso. Só que do sorriso no rosto ele nunca abriu mão. Nunca. Em qualquer das falências. Italo brinca que, por ser obrigado a usar a mesma calça da 5.ª à 8.ª série, foi ele quem lançou a moda da calça na canela. Se contar ninguém acredita, mas esses períodos de carestia fazem a gente crescer. Seria um sorriso nessa situação o mesmo sorriso do idiota que nada percebe ao seu redor? Nada disso. Trata-se, antes, do sorriso de alguém maduro e comprometido com a família. De um sorriso de confiança. Confiança em Deus, no trabalho, nos amigos que restaram.

Não tenha dúvidas de que o pai de Italo se preocupava com a situação. Às vezes até se acabrunhava. Quando pequeno, Italo chegou a flagrá-lo de cara fechada na janela, de cenho grave. Chegou de mansinho e deu um "oi" de camarada, e ele olhou para o menino e disse: "Tem vezes que a gente pensa umas besteiras, vamos parar com isso." E voltou a sorrir pegando o filho no colo.

O sorriso tem um poder transformador mesmo, sem exagero. O sorriso é a manifestação de uma confiança, e é disso que precisamos para lidar com os tantos desafios que a vida, imprevisível, pode nos atirar.

Nós dois "acontecemos", como já mencionamos, de uma maneira absolutamente imprevisível. Do nada um se deparou com o outro numa escadaria de uma universidade. Veja, dois minutos para trás ou para frente no ônibus seriam suficientes para impedir esse encontro fortuito. Quando você sorri, é para esse lugar da realidade, de onde sai o imponderável transformador, que você está olhando: é para aquela realidade imponderável e imprevisível que você não controla, não é capaz de abarcar, mas que está no controle. A confiança nisso é capaz de mudar nosso casamento e toda a nossa vida.

Plano de ação

Este é o espaço para você anotar e detalhar os planos de ação que lhe ocorreram durante a leitura deste capítulo. Lembre-se: você deve optar por ações concretas e simples, que possam ser realizadas e avaliadas a cada dia e nas circunstâncias de sua vida conjugal, que não é igual a nenhuma outra. Planos e resoluções abstratas e megalômanas podem até ficar bem no papel, mas são irrealizáveis na prática!

    Como servirei ao meu esposo ou esposa à luz do que li nestas últimas páginas?

Capítulo 8

Fidelidade: mais do que dizem ser

Infidelidades grandes e pequenas

Em maio de 2021, o mundo foi surpreendido pelo anúncio do divórcio de Bill Gates, fundador da Microsoft, depois de um casamento de 27 anos com Melinda Gates, mãe de seus três filhos. Ao olhar para esse assunto, não o abordamos como faria um colunista de fofoca. Não queremos esmiuçar a vida privada de ninguém atrás de ninharias. O que nos interessa no caso é o comportamento dos jornalistas de toda a grande mídia ao transmitirem a notícia. Ao anunciarem o divórcio do casal, todas as agências de notícias se apressaram para destacar que "Bill Gates, 65 anos, é dono de uma fortuna pessoal de 124 bilhões de dólares, de acordo com a Forbes". A isso, seguiam-se especulações sobre a divisão da fortuna e comparações com outros divórcios bilionários. Esse fato serve para ilustrar o estado em que se encontra a nossa percepção sobre a realidade do casamento. Nenhum jornalista, nenhum comentarista, nenhuma linha de notícia se referiu à intimidade do matrimônio. Todos foram capazes de apenas materializar a relação conjugal, reduzindo-a ao dinheiro. Ninguém dá o mais mínimo sinal de perceber que não pode haver relação mais íntima entre duas pessoas do que uma promessa de fidelidade amorosa por toda a vida. Não é isso o que prometemos um diante do outro no altar? E mais: diante de Deus, diante da assembleia, diante de nossa própria existência, de nossa própria alma... Tudo isso é ignorado por qualquer agência de notícias. É um escândalo a visão que se tem do casamento nos dias de hoje, uma visão reducionista, funcional e utilitarista, como se fosse apenas um acordo de bens.

O mais grave é que a perspectiva de um vínculo de comprometimento total de um com o outro, de fidelidade para toda a vida no casamento, não está ausente apenas na consciência do jornalista que anuncia um divórcio. É algo generalizado. Os casamentos estão terríveis. Na maior parte dos casais, não se encontra entre os cônjuges um sinal de terem assumido interiormente um compromisso genuíno um com o outro, aquele compromisso de advogar a favor do cônjuge diante das injustiças, das difamações e das calúnias que ele sofre. Compromisso de ser o advogado da esposa, quem sabe diante de uma relação conflituosa entre ela e a sogra; de defender o marido quando de uma ofensa no trabalho ou diante de uma rixa com o irmão ou o cunhado... Quem devemos defender, acolher e proteger é a pessoa com quem nos casamos. Essa é uma das formas de manifestação da nossa fidelidade, entre tantas outras. Mas, infelizmente, temos visto uma disposição exatamente inversa. O próprio marido e a própria esposa se apresentam na relação como promotores da desunião, sempre com uma disposição para acusar, fazer o outro de réu, prontos para, diante de qualquer deslize, apontar o dedo em cara alheia. Um sinal disso está em que, quando diante de uma acusação contra nós, temos logo o impulso de lembrar do que o outro faz conosco, e raramente do nosso próprio modo de agir. Tudo o que é dito aqui é com o objetivo de você se examinar, se analisar: "Olha! Não é que tenho feito isso mesmo? Eu me preocupo menos em desculpar, atenuar, acalmar, dar o suporte e auxiliar o meu marido do que em acusá-lo e ficar procurando um deslize seu, para poder apontar o dedo na cara dele e me sentir superior." Não dá para ser fiel, na perspectiva de uma vida, sem essa constante guarda da própria consciência.

Miseravelmente, é assim que os casamentos têm se apresentado em nosso tempo. A título de exemplo tirado da psicologia: existe na Terapia Familiar o *marital status inventory*, um questionário com 14 itens do tipo "sim ou não" para avaliar o risco de divórcio de um casal. É sintomático que exista uma escala, um inventário, para abordar esse tipo de coisa. E as perguntas são certeiras: Você está pensando em se divorciar de seu marido? Você comenta com os amigos sobre se divorciar? Você já fez uma nova conta no banco, por segurança? E assim por diante. É triste, mas provavelmente todos nós conhecemos alguém que já no início do casamento talvez tenha em vista a possibilidade do divórcio no horizonte.

O tom das notícias envolvendo o anúncio da separação de Bill e Melinda Gates, bem como tantos outros casos de separação de famosos e milionários, serve para revelar o nosso olhar sobre o que é o casamento. Afinal, queiramos ou não, todos estamos inseridos nessa cultura e sujeitos a ser levados pela maré de notícias, filmes, novelas, músicas pop etc. Se, quando batemos o olho numa notícia como essa, o nosso coração não se entristece porque uma família foi desfeita, mas, em vez disso, somos atiçados por uma curiosidade sobre a partilha de bens, sobre o futuro da fundação bilionária de Bill Gates ou, pior, sobre vis especulações a respeito do motivo da separação, estamos reproduzindo aquele cenário de fofoca e mesquinharia financeira denunciado nos contos de Machado de Assis, em que somente a ninharia e a mesquinhez aparecem. Não faz diferença se eles são bilionários: uma família se desfez, uma palavra dada foi rompida, e algumas personalidades foram fragmentadas. E não há, neste mundo, tragédia maior do que a fragmentação de uma personalidade pela incapacidade de ser fiel consigo mesma e com o outro.

Quem é adulto precisa honrar a palavra dada. Quando duas pessoas resolvem estabelecer um compromisso amoroso, certamente a aposta que é feita é na fidelidade. Todos temos um "para sempre" pairando no horizonte, mesmo pessoas que, no discurso, dizem não acreditar nisso. A fidelidade sempre está como expectativa, mesmo que oculta. Ela não é coisa acessória entre os casais, e a questão mais importante não é contar as pequenas ou grandes traições que já aconteceram, mas sim deixar de as cometer. A respeito disso, segue uma anedota de nossa vida conjugal.

Houve uma época terrível na vida profissional de Italo. Logo depois que ele passou na residência de psiquiatria, servia ao Exército (experiência que lhe foi muito benéfica, profissional e pessoalmente), atendia em dois períodos no consultório e ainda precisava arrumar mais um trabalho. E, numa dessas ocasiões, ele cometeu o erro de furar um plantão do exército. Não era algo tão incomum de acontecer, pelo fato de a escala ser um pouco móvel. O pessoal até entendia, e um cobria o esquecimento do outro, mas, claro, não sem cobrar em dobro depois. O fato é que, como ele era odiado na residência porque havia montado um hospital sem convidar nenhum dos médicos dali, no dia da sua falta, apesar de outra pessoa ter cumprido o horário em seu lugar, uma garota anotou que ele não havia comparecido. Para piorar, ele estava sem telefone porque o tinha esquecido em outro município em que trabalhava. Ninguém conseguia falar com ele. No final das contas, ele foi chamado à direção e levou uma punição feia.

Com essa anedota queremos demonstrar que qualquer pessoa que viva em relações de terror e desproporção, achando que sempre está em dívida com alguma coisa, obviamente nunca vai ficar bem. Se por um lado Italo vacilou, por outro, o pessoal do Exército também não aliviava nem um pouco o lado dele da mesma forma que fazia com os outros. Depois que ele se formou, passou um ano até enfim conseguir pegar o diploma. Ele achava que eles não iam entregar, pelo rigor com que era tratado, mas tudo acabou dando certo no final.

De maneira análoga, em nossos relacionamentos acabamos nos desleixando, distraindo e "faltando aos plantões" (às vezes, como no caso citado, sem dar notícias), especialmente por meio de ocultações, enganos deliberados e coisas do tipo. E, assim como na situação acima, o lado que não age como deveria percebe a relação de um modo esquisito, enquanto o outro acaba se dando conta de que algo está errado e pode querer aplicar punições ou cobrar em dobro depois. A relação fica travada, começa a decair, e até mesmo a virar uma hostilidade.

A vida é curta demais para ficarmos com bagunças desse tipo na nossa história. O nosso casamento não pode ter essas idas e vindas e descambar para esse tipo de dinâmica de "falta de plantões". E as decisões de fidelidade precisam ser decisões "curtas e grossas". Você, que lê este livro, decida-se agora a ser fiel e romper com esse ciclo de pequenas infidelidades. Mesmo que tenha quebrado a palavra dada e falido projetos de vida anteriores, você precisa seguir do jeito certo a partir de agora. Basta que seja o mais honesto possível consigo mesmo, e assim acabará por ser honesto com seu cônjuge. As pessoas se enrolam, se confundem, participam de tragédias, e a verdade é que nunca dedicamos o tempo devido para resolver essas pequenas infidelidades (que muitas vezes são o alimento das grandes).

Saiba que a internet é um inferno. As pessoas ficam se comparando com todo mundo o tempo todo. As redes sociais em geral viram a cabeça de quem não se cuida. Não fique respondendo coisinhas, mensagenzinhas em privado. Se nós, que estamos em um bom casamento, um projeto abraçado com muita consciência, temos os nossos portões de segurança, aquele que está em um momento vulnerável, sem muita paciência e com a guarda baixa precisa redobrar o cuidado. Nós precisamos ser fiéis. A fidelidade com a pessoa que temos ao nosso lado é reflexo e sinal da fidelidade que teremos à nossa vida e a Deus. É realmente muito sério. Tenha em mente que todas as coisas deixam consequências, tanto as grandes quanto as pequenas infidelidades; não tem jeito. A questão é agir rápido e reparar os erros.

Talvez possamos cair no erro de imaginar que as relações infiéis são um conjunto de planos, tramas e metas cheias de significado, mas note que sempre, no fundo, a questão é apenas sexo (ainda que não venha a se consumar).

É tudo muito banal, como se fossem dois cachorros no cio. Não pense que o casal de adúlteros são almas gêmeas que nasceram uma para a outra e tiveram o azar de casar errado, e então vivem um romance proibido, porque não é isso. As pessoas desonram a palavra dada por um impulso sexual que, mais hora, menos hora, vai passar também. Tenha cuidado e atenção com essas ideias sedutoras e falsas.

Faça o exercício: pegue um papel e escreva cada uma das traições que você tem cometido e, depois de queimá-lo, peça perdão a Deus. Se no seu caso não existe infidelidade no relacionamento, procure então as infidelidades diárias, tomando consciência das coisas e assumindo as responsabilidades. Quer um exemplo de infidelidade diária? O marido, sabendo que as crianças dormem às 20h30, enrola mais alguns minutinhos no trabalho para se livrar de ajudar a esposa a colocá-las para dormir. Note que, se isso acontecesse, o papel de marido estaria sendo traído. É isso que chamamos de infidelidade diária: uma coisa pequena, mas que mina nosso relacionamento.

Se você percebe que não tem sido fiel nas pequenas coisas, como em questões de conduta na internet e no trabalho, esse é o momento de dar dois passos atrás. Se você se meteu em uma traição, acabe com ela o quanto antes porque o estrago já foi feito, mesmo que o seu cônjuge não saiba de nada. Volte a honrar a palavra que foi dada.

Parênteses sobre a pornografia

Hoje, com internet banda larga e celulares com acesso móvel à rede, há uma diversidade enorme de coisas que são equivalentes à traição e que antes estavam fora de nosso radar. A pornografia é uma delas. Simplesmente não pode ser assistida, apesar de seu consumo ser visto como algo supernatural hoje em dia. Mas, aqui, convém uma explicação: o simples fato de assistir a filmes pornográficos não é infidelidade em si, mas acaba encaminhando você a cometer traição, porque o seu imaginário vai para o espaço. Você se acostuma a estar em contextos sexuais diversos, alguns deles doentios.

Quando Italo tinha consultório, acompanhou inúmeros pacientes cuja principal questão era o vício em pornografia. Uma grande parte, a maioria, teve um sucesso enorme no tratamento, felizmente. Não há grandes mistérios: o truque para deixar de assistir a conteúdo desse tipo está na decisão. Mas é uma decisão que precisa de meios concretos (filtros que impeçam você de acessar, mudança de hábitos e de rotina, sinceridade com alguém para quem você possa se abrir a respeito). Hoje em dia, a quase totalidade das inseguranças e problemas masculinos se dá pelo consumo de pornografia. O normal de homem não é ser inseguro, mas a pornografia o quebra colocando parâmetros de comparação irreais. Os caras ficam se comparando com os atores, e as coisas na pornografia são muito toscas e artificiais, de fato. Aquilo não traduz a realidade da vida sexual vivida de forma humana.

Em razão de nossa atuação na internet, recebemos algumas mensagens bastante claras. Uma delas trazia os seguintes trechos:

> *Durante uma grande parte da minha existência, caí na pornografia e masturbação, me tornando uma espécie de coisa*

sem forma, de uma mudança imutável, por assim dizer; um homem amputado.

Na esmagadora maioria das vezes, me colocava na posição de negociar comigo mesmo sobre como seriam meus próximos passos e se tudo ficaria bem no final. Quer saber? Até que, nos primeiros segundos, tive uma sensação de prazer. Logo quando acabava, eu olhava aquela situação e não conseguia entender o porquê de estar fazendo aquilo e por qual motivo eu entrava em um conflito interno, numa discussão quase violenta entre o que eu estava fazendo e o que eu não queria ter feito, mesmo sabendo que iria fazer de novo.

É um drama que atinge muitos homens. Tiago Iorc fez uma música há algum tempo em que fala sobre masculinidade e afirma que o mundo da pornografia é um abismo. Se por um lado a saída se dá pela força de vontade, que se traduz em mudanças, por outro o vício esmaga sua vontade, ainda mais quando começa cedo (e atualmente a média dos primeiros contatos com pornografia se dá na infância). O movimento do rapaz, nesse caso, é olhar para si e condenar-se por fazer o que sabia que não devia ter feito, mas sem sentir condições de resistir. A vida é propriamente infernal se vivida assim. Você comete o erro, sabe que está errado, não tem muito recurso para sair daquilo, fica olhando para o próprio umbigo e contemplando a besteira que acabou de fazer. É tortura de si mesmo, e você é o próprio carrasco.

Nesse caso concreto, o rapaz recebeu um conselho que pode ser útil para os homens (e mulheres, pois o Brasil é recordista em consumo de pornografia pelo público feminino) que talvez estejam até o pescoço no vício da pornografia. A resposta aludia à parábola do joio e do trigo:

> *Toque a sua vida. O joio e o trigo vão crescer juntos, você precisa alimentar o trigo. Um dos pontos fortes que precisam existir na sua vida é a alimentação constante do trigo para que, no futuro, você consiga separar um do outro. Se você não o alimenta, sobra apenas o joio, só veneno na sua vida mesmo. É isso que você está fazendo.*
>
> *Existe uma disposição de espírito, a disposição de alma, que é aprender a conviver com seus erros, pecados e desvios sem cultivá-los, sem amá-los, sem jogar um incenso neles, sabendo que eles são errados, são ruins, com desejo verdadeiro de mudança.*
>
> *Ao mesmo tempo, isso não pode desanimar você, tem de fazer com que você crie ânimo para ser bom, justo, leal, trabalhador. Entende? Tente resolver a si e ao mesmo tempo vá expandindo a sua vida; é assim que funciona. A solução é parar de se debruçar diante do abismo.*

Aos que se encontrem porventura nessa situação degradante, sem conseguir sair, aconselhamos o mesmo: construam o que há de bom na vida, dilatem o coração, dediquem-se ao outro, sirvam e, aos poucos, vão dando os pequenos passos. Não dialoguem com o vício e não o fiquem remoendo. A vida é maior do que isso, e uma vida grande vai vencendo as mesquinharias do coração que nos diminuem. E, claro, elaborem uma rotina espiritual, pois sem isso não dá.

Perdoando a traição

Tanto o perdão quanto o rompimento dos vínculos amorosos exteriores ao casamento podem ser realmente difíceis. Mas há uma grande verdade que pudemos aprender com os vários casais que acompanhamos: a maior parte das crises, dos problemas de relacionamento, da incapacidade de amar, por assim dizer, não tem a ver exatamente com a relação de um com o outro (seja a relação de homem e mulher, de pai e de filho, de mãe e de filho, de irmão com irmã etc.). Na maior parte dos casos, tem a ver com a falta de centralidade do espírito de uma das partes ou de ambas — ou seja, os dois não se examinam, não sabem por que dizem o que dizem e fazem o que fazem. Basta que um dos dois busque verdadeiramente a centralidade do seu espírito, se acalmando, aparando as arestas, serenando chavões que entram na nossa cabeça todo santo dia.

Por exemplo, todos conhecemos o chavão, muito difundido, de que traição é imperdoável. Por isso é muito comum ouvirmos alguém dizer "eu perdoo tudo, menos traição". Ouvimos isso toda hora, inclusive de boas pessoas. Todo mundo no Brasil tem, de algum modo, esse conceito na cabeça, e não sabemos se é um problema exclusivamente nosso. E para tudo na vida é preciso refletir se é algo que nasceu de nossa meditação pessoal ou se é apenas algo que ouvimos e repetimos, sobretudo para verdades que podem afetar nosso relacionamento. Você parou para investigar se essa ideia é sua mesmo? Será que essa ideia não é da novela das oito? Não é uma ideia do roteirista, que escreveu a novela cujos personagens falam esse tipo de coisa a todo instante? Nós olhamos e dizemos: "É verdade. A traição é algo hediondo, terrível. Se alguém me trair, se meu marido me trair, se minha esposa me trair, se meu filho me trair, se meu colega de trabalho me trair, eu não vou perdoar. Tudo é perdoável, menos traição." Será que é verdade? Será que essa história é verdade para você?

Aí está um ponto para refletirmos, porque você pode chegar à conclusão, no fundo da sua alma, de que não é verdade; de que você conseguiria perdoar, sim, uma traição, pois você percebe que também poderia ser capaz de trair (é verdade que muitos não assumem isso para si mesmos, aliás). Será que não somos feitos da mesma circunstância? Será que justamente o que define uma das naturezas do relacionamento humano mais profundo não seria essa capacidade de se preocupar com aquele outro que não é capaz de ser constante na própria palavra? E uma das nossas funções neste mundo não é ajudar que o outro, nosso marido ou esposa, seja constante, que o outro seja um pouco melhor a cada dia? Portanto, uma das nossas funções não é só perdoar as traições, mas ajudar que o outro não volte a fazer isso. Perceba como a profundidade do relacionamento, uma vez que voltamos à nossa centralidade e calamos os tantos chavões e ideias prontas que ouvimos e repetimos de forma irrefletida, aumenta consideravelmente. Ser fiel também é essa fidelidade em não desistir do outro, feito do mesmo barro de que somos feitos. Os votos do matrimônio, sobre os quais já meditamos em capítulo anterior, não preveem exceções.

Se você não está disposto a perdoar a pessoa que ama, a pessoa com a qual se casou, dificilmente vai ter um casamento bom pela frente, e precisamos reconhecer isso logo no começo de qualquer relacionamento amoroso.

Afinal, essa é uma das definições da coisa toda: amar aconteça o que acontecer. Sabemos que a traição é coisa muito ruim, que dói, que é péssimo, é uma coisa horrível. A traição não é para acontecer, e, em certo sentido, o nosso mundo inteiro é destruído quando há uma traição. Mas, se vamos ter o casamento em nosso horizonte existencial, então temos de ser capazes de perdoar.

Agora é o momento de tomarmos a decisão de manter o nosso casamento aconteça o que acontecer, e já antecipamos uma coisa: se permanecemos no erro de deixar os chavões como nosso critério, a vida se torna uma tragédia. "Não perdoo traição" é a sentença trágica que põe fim a um casamento que, com abertura de coração e centralidade de espírito, talvez pudesse continuar, com a tristeza se convertendo em perdão. Dizemos mais, a título de conselho: se você é a parte que foi traída, permita de fato que o amor e a esperança toquem o seu coração; visualize a brevidade da vida e a missão que temos de cumprir enquanto estamos aqui, missão esta que passa pelo nosso casamento. Precisamos resolver essas coisas para já. Todo mundo pode errar e, em algum momento da vida, acaba errando mesmo. Olhe com amor para a pessoa que está do seu lado no relacionamento. A vida de quem trai é muito pior do que a da pessoa que foi traída, acredite. Por mais difícil que possa parecer, é ela a pessoa que está com a biografia em pedaços, a personalidade em pedaços, a alma em pedaços. Ela precisa de sua misericórdia para se reconstruir.

Existe um estado no qual podemos nos colocar e que corresponde a certa "inocência" diante da vida, das consequências e das palavras que foram dadas. Isso nada mais é do que a falta de presença real. É escolher viver a vida de forma alheia, sem atuar verdadeiramente. Assim como diz a Bíblia, você não pode amar a Deus, a quem não vê, se não ama as pessoas a quem pode ver. Para os casados, portanto, não existe santidade se não houver amor para com os cônjuges, e isso passa pelo perdão incondicional, por mais difícil que possa ser.

Uma vez que optamos pela segunda chance, pela reconstrução do casamento, é preciso ter em mente que a pessoa que cometeu a traição abriu na cabeça da outra um buraco que se chama *desconfiança*; então, intencional e deliberadamente, ela precisa estar "em liberdade condicional": deixar o celular desbloqueado ou coisas do tipo. Não se pode dar uma mancada do tamanho do mundo e ainda esperar que os outros confiem em você da mesma forma que antes. Essa expectativa é irreal. Por um longo período, sem previsão para acabar, a confiança vai precisar ser reconstruída, com esforços de ambos, mas sobretudo com a humildade de quem traiu.

E a verdade é que, em nossos tempos, a traição deixou de ser um drama sem fim de lágrimas, uma questão de amor, vida e morte. Hoje a traição é uma coisa vulgarmente banalizada, no sentido de que não se trata de dramas como *Romeu e Julieta*, mas de sensaborias sem nenhum sentido. Fazendo o exercício de escutar as músicas de adolescentes, para saber o que os mais novos estão recebendo, vemos que as pessoas têm uma capacidade muito grande de se enganar. Uma das letras em inglês, da canção "Traitor", cantada por uma garota chamada Olivia Rodrigo, narra justamente, cheia de lamúrias, um episódio assim, no qual a narradora da história se deu conta de que havia sido passada para trás. Ela sente que o namorado que a traiu com outra agora exibe a outra como um troféu. Há todo um delírio em que as ações dos outros são determinadas em função dos sentimentos dela; ela é o centro. E é essa visão, propagada em músicas pop e no entretenimento como um todo, que predomina entre a maioria das pessoas. Está lá, nas cabeças de milhões de adolescentes, e eles não sabem de onde essa ideia veio. Voltando para o nosso mundo real: não tenha essa atitude perante uma traição. Se você é a parte traída, use o amor para deixar as mágoas irem embora. Aceite o pedido de perdão, perdoe e, juntos, escolham amar e reatar aquele projeto que abraçaram no dia do casamento.

Abrace o ideal da santidade

Poderíamos seguir a conversa pelo caminho técnico, mas a nossa escolha foi por este caminho que parece abstrato e não é. A decisão radical de permanecer ao lado da mesma pessoa e fazermos com que a pessoa que está ao nosso lado seja feliz é para todos, mas buscamos os modelos religiosos porque os santos foram pessoas que tentaram fazer com que a ideia ficasse mais clara, e a vida deles foi o testemunho de que é possível. São modelos, e propomos esses modelos justamente para que possamos entender — e, sobretudo, desejemos — como fazer isso todos os dias. Com efeito, sem a visão transcendental a coisa se torna impossível.

Não tem como falar sobre a vida a dois sem os elementos de salvação e eternidade. Preciso ajudar meu cônjuge a ser santo, isto é, plenamente ele, sem os ruídos daquilo que o impede de ser quem ele nasceu para ser. Olhe nos olhos do seu cônjuge, abrace-o e comprometa-se a levá-lo para o céu por meio da oração, dos sacrifícios e da penitência. Sendo fiel todo dia. O caminho que devemos seguir é ordinário, da luta pequena do dia a dia. Estamos falando da vida trivial mesmo.

Se um punhado de homens e mulheres se levantar agora, sem romantismos sentimentaloides, poderemos contar com a possibilidade de haver mais santos no mundo. Isso dói a alma. Não é brincadeira. O único projeto ambicioso que vale a pena sustentarmos na vida é esse. Gostaríamos de convencer todos os casais desse ideal.

Na vida, existem diferentes momentos: primeiro, nos colocamos à disposição para servir os outros; depois, a nossa inclinação é protegê-los de todas as maneiras; e, por último, tudo o que desejamos é fazer com que as pessoas que amamos sejam pontos de luz para todos os que convivem com elas. Buscamos fazer isso em nosso casamento há muito tempo, mas não gostaríamos de continuar sozinhos. Precisamos que o seu casamento esteja bem. Pelo amor de Deus, já é tempo de perdoar. A vida é curta. Como diz o poeta:

Al brillar un relámpago nacemos
y aun dura su fulgor cuando morimos:
¡tan corto es el vivir![1]

(Gustavo Adolfo Bécquer)

---

1 Ao brilho de um relâmpago, nascemos/ e ainda dura seu fulgor quando morremos/ tão curta é nossa vida!

A duração da vida é a mesma do brilho de um relâmpago. E acabou. Nesse curto tempo a gente pode se perder. As pessoas erram de vários modos. Isso não é poesia ou romance — é a nossa vida concreta e real.

Abrace a sua vida e veja que a santidade é o único projeto que vale a pena porque fomos criados para isso. Para os leitores ateus, é a mesmíssima coisa. No fundo, nosso objetivo aqui é demonstrar o que é a grandeza de uma vida, do amor, da entrega, da palavra dada e da esperança. Parece abstrato porque quase não vemos modelos disso em lugar algum hoje. Nós somos a geração que vai ter de inventar como fazê-lo. E para isso não podemos brincar ou desperdiçar tempo. Escolha agora, com seu casamento, esse ideal e seja, ao lado da pessoa que você ama e a quem você quer permanecer fiel, uma luz que ilumine a vida de outros casais. Sabemos que isso é possível.

Plano de ação

Este é o espaço para você anotar e detalhar os planos de ação que lhe ocorreram durante a leitura deste capítulo. Lembre-se: você deve optar por ações concretas e simples, que possam ser realizadas e avaliadas a cada dia e nas circunstâncias de sua vida conjugal, que não é igual a nenhuma outra. Planos e resoluções abstratas e megalômanas podem até ficar bem no papel, mas são irrealizáveis na prática!

Como servirei ao meu esposo ou esposa à luz do que li nestas últimas páginas?

_____
_____
_____
_____
_____
_____
_____
_____
_____
_____
_____
_____
_____
_____

Conclusão

Desejamos sinceramente que a leitura deste livro contribua para que seu casamento seja genuinamente feliz e para que vocês consigam se entregar com confiança e auxílio mútuo, de maneira que as questões do passado importem menos que o presente. Se o conteúdo destas páginas for levado a sério e as lições, colocadas em prática, não temos dúvidas de que a convivência entre vocês será ainda melhor e o projeto de vocês, mais maduro.

Esperamos também que, após a leitura, você tenha medo apenas das coisas certas e que aquele monte de confusões e medos infundados de antes se dissipe. Vocês vão passar a sentir o peso verdadeiro das coisas, mas não tenham medo de dar a cara a tapa.

Um grande ensinamento que todos precisamos observar é o de parar o nosso ritmo frenético para contemplar a beleza das coisas, e os relacionamentos têm muito a ver com esse tipo de olhar mais contemplativo. A capacidade de não fazer nada é imprescindível para o funcionamento das relações amorosas. Aproveite cada momento com seu marido ou mulher.

O que de fato pode nos curar é o olhar contemplativo, entusiasmado e esperançoso de uma pessoa que nos ama e que aposta diariamente em nós, traduzindo tudo isso em atos de serviço e carinho. Não conhecemos outro jeito de exercitarmos a liberdade da maneira correta. Do contrário, o nosso olhar fica um tanto atrofiado e embaçado. Somos dos que apostam nessa liberdade e nesse olhar cheio de esperança. A nossa vida, o nosso casamento, os nossos filhos, o nosso trabalho são completamente voltados para isso. Este livro é uma aposta pessoal no leitor: você também pode ser esse olhar esperançoso para o cônjuge. Pode ver crescer a esperança no seu peito e propagá-la em seu casamento. A vida sem ela é um verdadeiro inferno. Claro, há certos dias em que vamos acordar esquisitos mesmo, com certo mau humor e pessimismo; mas desesperança é outra coisa. Na maior parte das vezes, não nos sentimos muito bem, mas sabemos que existe algo por cima que brilha feito um sol nascente ou um diamante cortado pela luz — a esperança.

Ela pode ser desenvolvida, alimentada, aumentada. A vida a dois é a pretensão de iluminarmos no outro as coisas que ele não enxerga mais. Você está dentro do seu casamento para que, através da esperança, ilumine seu cônjuge por completo, de modo a evitar que caia em abismos de desgraça, infidelidade, traição e até mesmo a condenação eterna.

O seu olhar amoroso só pode aparecer se você tiver um compromisso real com o desenvolvimento da esperança por meio do exercício da liberdade cotidiana, da escolha diária pelo que há de maior, melhor, pelo que está além das mesquinharias ordinárias que nos são oferecidas. A nossa aposta na vida a dois e no amor é justamente a do olhar que ilumina as coisas escondidas que não estavam sendo vistas antes.

Esse olhar também deve ser o que lançamos para o entorno. Falamos muito da importância de um mundo interior, mas preste muita atenção também à construção de mundos interiores que esteja, para além de vocês. As brigas e os cansaços no relacionamento tomam conta de tudo quando os assuntos são ensimesmados, apenas o casal pensando em si mesmo. É importante que o casamento seja um núcleo que se expande e se volta para além de si. Um bom casal precisa exercer uma função sacerdotal expansiva com o coração aceso e alegre. A criação dos filhos, por exemplo, é uma grande missão, já que eles são almas que entraram na existência a partir da união matrimonial. Mas isso vai além da criação dos filhos; precisamos ser luz que ilumine outras famílias próximas, casais de amigos, luz que espalhe o amor e a esperança. O cenário da ajuda mútua que mantém os corações acesos é um dos principais componentes do casamento. Antes todo mundo sabia disso, mas na nossa geração esse conhecimento foi perdido. Muitos relacionamentos acabam não porque as pessoas são mal-intencionadas ou coisas do tipo, mas por falta de outro casal que o ajude, transmita essa experiência, leve essa esperança.

A ideia de uma missão matrimonial traz a consciência e o exercício de uma função na comunidade. Fazer esse itinerário de amadurecimento estando com uma pessoa ao nosso lado é muito mais fácil. Para reafirmar aquilo que já dissemos antes, se o relacionamento se fecha apenas no casal, ele ainda não pode ser considerado amoroso, mesmo que seja muito agradável por um tempo.

O casamento é um caminho muito natural para o ser humano, e não um evento extraordinário, e nele podemos amadurecer nossa personalidade exercitando a liberdade para escolher o caminho do serviço e da abnegação. E, se fazemos isso pelo cônjuge, é mais fácil, ao lado dele, voltar-se para os demais: amigos e familiares ao nosso redor.

    Nós temos a grande missão de contagiar as pessoas com luz, amor e esperança. Isso é algo muito grande, muito feliz. Em nossa caminhada aqui na Terra, convém que estejamos na companhia de um grande amor e que possamos ajudar uns aos outros. Esses são os verdadeiros motivos de um bom casamento.

Direção editorial
Daniele Cajueiro

Editor responsável
Hugo Langone

Produção editorial
Adriana Torres
Laiane Flores

Revisão
Daniel Borges
Luana Luz de Freitas

Diagramação
Alfredo Loureiro

Capa
Larissa Fernandez
Leticia Fernandez

Fotos de capa
Pamela Miranda Fotografia

Este livro foi impresso em 2023
para a Petra.